KB041471

運
운의
방정식

스즈키 유 지음

鈴木祐

운을
내 편으로
만드는
과학적 원리

정현옥 옮김

運

운의

방정식

행운 = (행동 × 다양 + 인지) × 회복

성공의 80%는 운이다

빌 게이츠, 래리 페이지,
레이먼드 챈들러
무의식의 사고법

일본 아마존
종합 베스트셀러

10만 편의 과학 논문과
600여 명의
인터뷰 결정판

문예춘추사

인생에서 행운 게임은 어디까지일까?

성공을 좌우하는 최대 요인

인생에서 성공하려면 무엇이 필요할까?

예로부터 사람들은 부단히 이 물음에 관심을 가졌고, 과학의 세계에서 역시 이와 관련된 연구를 거듭했다. 수입이 많고 지위가 높은 사람, 일에서도 큰 성과를 올리는 사람에게는 어떤 비밀이 숨어 있을까?

어려운 작업을 수행하는 능력, 실패에도 굴하지 않고 성장하고자 하는 자세, 감정 조절이나 공감력 등 연구자마다 내놓는 답은 다르다. 그러나 어떤 관점을 가졌건 그 답들은 방대한 데이터로 성공의 비결에 관한 주장을 뒷받침하고 있으며, 논의에 설득력이 묻어난다.

최근에는 주로 경제학이나 위기 분석 분야에서 인생의 성공에 관한 새로운 견해가 제시되었다. 성공은 대부분 능력보다 운으로 정해진다는 것이다. 이는 타고난 지성이나 소통 능력 등 개인적인 자질도 중요하지만, 예기치 않은 행운이 인생에 미치는 영향이 크다는 뜻이다.

그러고 보니 운의 중요성을 느끼지 않는 사람은 거의 없는 것 같다. 별 기대 없이 응모한 경품 이벤트에 당첨되거나 우연히 접한 정보가 업무에 유용하게 쓰이고 난처한 상황에서 도와주는 사람이 나타나는 등, 누구라도 인생에서 한 번쯤 행운의 여신이 강림했을 것이다. 적정한 순간에 기회를 얻지 못하면 아무리 노력해도, 또 재능이 뛰어나다고 해도 큰 성과를 올리기는 어려울 것이다.

운의 힘을 믿는 유명한 사람도 많다. 마이크로소프트사의 창업주 빌 게이츠는 부유한 집에서 태어났다는 유리한 조건을 살려 명문 사립 레이크사이드 고등학교에 입학했다. 워싱턴주에서 최고의 사립학교로 선정되기도 한 이 학교는 1968년에 컴퓨터를 설치해 신기술을 도입한 교육 시스템으로 화제가 된 곳이다. 이곳에서 프로그래밍을 배운 게이츠는 소프트웨어의 중요성을 누구보다 앞서 깨달았다. 마이크로소프트사를 설립한 후에는 어머니가 IBM의 회장과 친분이 있다는 행운까지 겹쳐 당시 영세한 벤처기업이었음에도 대형 프로젝트를 계약했다. 게이츠 본인도 그런 기회가 없었다면 마이크로소프트는 이 세상에 존재하지 않았을 것이라고 했을 정도니, 재능이나 노력에 견줄 만큼 운의 중요성을 인정한 셈이다.

한편, 구글의 공동창업자 세르게이 브린과 래리 페이지는 1999년 회사를 인터넷 검색 포털 익사이트(excite.com)에 100만 달러(약 13억 원)에 매각하려 했지만, 서로 합의점을 찾지 못해 매각에 실패했다. 불행 중 다행으로 두 명이 이루어낸 인터넷 검색 기술은 독자성을 유지했고 그 후 구글 제국을 구축했다. 자신의 기지나 재치를 강조하는 유명인도 있지만, 적지 않은 성공자가 운의 중요성을 인정하는 듯하다.

인생이라는 이름의 행운 게임

운이 중요하다니, 헛된 생각이라고 하는 사람도 많을 것이다. 원래 운이란 의지나 노력으로 어찌할 수 없는 우연의 산물이기 때문이다. 아무리 인생에 운이 중요하다고 해도 제어할 수 없는 것을 고민해보았자 무슨 의미가 있을까, 라고 보통은 생각한다. 하지만 주위를 둘러보면 세상은 그 '도저히 어찌할 수 없는 운'으로 넘쳐난다. 대표적인 예를 보자.

수입의 절반은 태어난 국가로 결정된다.

경제학자 브랑코 밀라노비치(Branko Milanović) 연구팀이 118개 국가의 소득 수준을 조사한 연구에 따르면, 세계에서 수입 격차의 거의 절반은 사는 국가와 그 국가의 소득분포로 설명된다.[1] 자연히 선진국에서 태어나면 수입이 높고 그 외 국가에서는 수입이 낮다.

수입과 만족도는 외모의 영향을 받는다.

타고난 외모가 출중한 사람은 종합적으로 수입과 인생의 만족도가 높은 경향을 보인다. 경제학자인 대니얼 하머메시(Daniel Selim Hamermesh) 연구팀 조사에서는 외모가 출중한 사람일수록 수입이 높다는 결과가 나왔다. 평범한 외모의 사람들보다 여성은 8%, 남성은 4% 높은 소득을 얻었다고 한다.[2] 반대로 외모가 하위 15%라고 판단된 여성은 평범한 외모의 여성보다 수입이 4% 낮았고 남성의 경우에는 13%나 낮았다. 또 미남미녀 중 55%는 인생에 만족한다고 답한 데 반해 외모가 하위인 사람들의 수치는 45%에 그쳤다.

수입과 지위는 타고난 수학 실력으로 결정된다.

미국인 약 5,000명을 대상으로 조사한 연구에서는 어린 시절에 수학 성적이 좋았던 사람일수록 35년 후에 지위와 소득이 높은 경향을 보였다.[3] 구체적으로, 13세에 수학 성적이 상위 1%였던 사람은 35년 후에 유명한 학자나 CEO가 될 확률이 높았고, 수학을 어려워한 사람보다 실적이 400%나 좋았다고 한다. 이 같은 현상은 세계적으로 입증되고 있으니, 인생의 성공에 수학 실력이 미치는 영향은 매우 크다고 할 수 있다.

지위에는 태어난 달이 영향을 미친다.

중국 상하이교통대학교 연구팀은 중국에서 근무하는 CEO를 대상으로 진행한 조사에서 3월 또는 4월에 태어난 사람의 23.2%가 성인이 된 후에 기업의 최고 자리에 오른 데 반해 6월이나 7월생 CEO는 12%였음을 밝혔다.[4] 이런 현상이 일어나는 원인은 중국 초등학교의 입학 시기가 9월이라 이 시기에 6월생이나 7월생이 다른 달에 태어난 학생보다 상대적으로 어리기 때문이라고 볼 수 있다. 초등학생 연령대에서는 일 년이라는 차이가 큰 능력 차로 이어지므로 여름에 태어난 아이는 학교생활에서 불리한 상황에 놓일 수밖에 없다. 그런 체험이 어른이 되어도 발목을 잡아 결국 CEO 취임률의 차이로 나타나는 것이다.

이름이 인생의 성공에 영향을 미친다.

태어날 때 부여받는 이름도 인생에 영향을 미친다. 뉴욕대학교에서 진행한 실험에서는 참가자에게 무작위로 고른 변호사 500명의 이름 중 쉬운 발음과 호감도를 평가하도록 지시했다. 이후 데이터를 분석한 결과, 변호사로 성공한 사람의 약 1.5%는 발음하기 쉬운 이름이 영향을 미친 것으로 나타났다.[5]

이 같은 현상은 사람들이 읽기 쉬운 이름을 선호하기 때문에 무의식중에 부르기 쉬운 이름에 호감을 느낀 것이 원인이라고 해석할 수 있다. 미세한 차이지만, 부모가 붙여준 이름으로 인생의 성공에 우연이라고 볼 수 없는 통계적 차이가 생기는 점은 분명 주목해야 할 포인트라고 할 수 있다.

행운 게임에도 공략법이 있다

개인의 능력을 초월한 운의 사례를 몇 가지 소개했다. 외모나 태어난 달은 노력으로 바꾸지 못하지만, 인생에 크고 작은 영향을 미친다. 이 밖에도 성격이나 운동신경, 부모의 학력 등 성공을 좌우하는 수많은 운의 종류를 모두 들자면 끝이 없다. 역시 인생은 행운 게임이라고 할만하다.

하지만 포기하기에는 이르다. 고맙게도 최근 운을 과학적 관점으로 보는 연구들 덕분에 좋은 우연을 끌어당기는 방법이 규명되기 시작했다. 인생이 운으로 결정되는 게임인 것은 틀림없다지만, 특정 기술만 습득하면 게임을 유리한 쪽으로 유도하는 게 불가능하지는 않다는 뜻이다.

물론 사주나 영적인 범주를 말하는 건 아니다. 영국 하트퍼드셔대학교의 심리학부, 런던스쿨오브이코노믹스(LSE)의 사회학부 같은 일류 연구기관의 연구진은 십수 년째 행운을 잡는 방법에 대한 과학적인 조사에 매진 중이고 어느 정도 성과도 올리고 있다. 세계적으로 손꼽히는 순수학문 연구기관인 프린스턴고등연구소(The Institute for Advanced Study=IAS)에서는 내부적으로 '행운 연구소' 같은 전문 조사기관까지 창설했을 정도이니, 운에 관한 연구가 얼마나 주목받는지 짐작이 갈 것이다. 과학의 힘으로 운을 상승시킬 수 있다는데 어찌 그들의 지식을 빌려 쓰지 않겠는가.

그렇다면 이 기관들은 행운의 메커니즘에 대해 어떤 견해를 가졌을까? 연구자마다 미묘하게 다르긴 하지만 대체로 다음 공식으로 정리된다.

$$\text{행운} = (\text{행동} \times \text{다양} + \text{인지}) \times \text{회복}$$

자세하게는 다음 장부터 확인하겠지만, 이 공식은 행운 연구를 통해 도출된 최신 자료들을 필자가 통합한 것이다. 이 책에서는 위 공식에 맞추어 운을 붙잡기 위한 기술 향상법을 알려주고자 한다.

이 책에서는 운을 붙잡는 데 필요한 능력을 행동력, 인지력, 지속력, 회복력으로 크게 나누었으며, 각각의 능력을 단련하는 훈련법을 몇 가지 소개할 것이다. 어떤 내용부터 시작할지 자유롭게 선택해도 좋지만, 혹자는 훈련법 선택의 가이드라인이 필요하다고 생각할지도 모르겠다.

그럴 때는 먼저 당신이 가진 능력치를 파악하여 부족한 요소를 강화할 수 있는 훈련부터 시작하자. 운의 공식을 효과적으로 활용하려면 잘하는 것보다 취약한 부분을 개선해야 한다. 그래야 운을 붙잡는 능력이 부쩍 향상된다.

훈련에 앞서 '행운 스킬 진단'을 통해 본인의 능력치를 판단해야 한다. 이 진단은 24개 질문에 모두 답하면서 점수를 매겨 각 점수를 합산하는 방식으로 진행한다.

테스트를 진행할 때는 표에 적힌 문장을 읽으면서 얼마나 들 어맞는지 일곱 단계로 평가한다. '전혀 그렇지 않다'라면 1점이 고 '완전히 그렇다'라면 7점이다.

행운 스킬 진단	점수
1 무엇에 도움이 되는지 몰라도 흥미를 느끼면 일단 해본다.	
2 새로운 경험을 할 기회를 늘 찾고 있다.	
3 내가 어떤 것에 흥미나 관심을 느끼는지 잘 알고 있다.	
4 친밀하지 않은 상대와도 좋은 관계를 유지한다.	
5 그다지 친하지 않은 사람에게도 의뢰나 부탁을 할 수 있다.	
6 나이나 성별, 가치관에 상관없이 다양한 인간관계를 쌓고 있다.	
7 주위 사람들로부터 사소한 것에도 눈치가 빠르다는 말을 듣는다.	
8 일 또는 사생활에서 자주 의문이 생기고 남에게 질문하는 경우가 많다.	
9 작은 일로는 불안해하지 않는 성격이다.	
10 소극적인 생각을 적극적으로 바꾸는 게 어렵지 않다.	
11 내가 틀렸을 수도 있음을 늘 의심한다.	
12 나와 의견이 다른 상대에게도 친절하게 대할 수 있다.	
13 손이 많이 가는 일도 포기하지 않고 지속할 수 있다.	
14 귀찮아도 도중에 포기하는 일은 거의 없다.	
15 문제가 생겼을 때 도망치고 싶은 충동을 억제할 수 있다.	
16 잘될지 몰라도 우선 시작한다.	
17 하고 싶으면 실패를 무릅쓰고 도전한다.	
18 무언가를 하려고 할 때 불안해도 그 일을 시작할 수 있다.	

19	곤경에 처하면 새로운 수단이나 방법을 찾는다.	
20	무언가를 시작할 때, 열심히 하면 분명 잘될 것이라고 믿는다.	
21	일이 잘 풀리지 않을 때는 담담하게 원인을 검증한다.	
22	늘 하던 방식으로 해결되지 않을 때는 다른 방법을 모색한다.	
23	목표를 달성하지 못하면 바로 다른 목표를 찾는다.	
24	나의 강점을 이해하고 있다.	

이상의 24문항은 각각 다음 4가지 능력에 대응한다. 각 질문에 기록한 점수를 더해서 다음 영역별로 나누어 적자.

점수		행동력	질문 1~6
전혀 그렇지 않다 = 1점		합계	점
거의 그렇지 않다 = 2점		인지력	질문 7~12
그렇지 않은 편이다 = 3점		합계	점
어느 쪽도 아니다 = 4점		지속력	질문 13~18
그런 편이다 = 5점		합계	점
거의 그렇다 = 6점		회복력	질문 19~24
완전히 그렇다 = 7점		합계	점

이 중에서 합계 점수가 가장 낮은 영역이 지금 당신에게 부족한 능력이다. 만일 행동력이 부족하다면 1장, 인지력이 낮다면 2장, 지속력에 문제가 있다면 3장, 회복력이 충분하지 않은 사람은 4장에서 설명하는 훈련법이 도움을 줄 것이다. 각 능력의 합산 결과가 같을 때는 1장부터 시작하면 된다.

특정 훈련 방식을 선택할 때는 우선 하나의 장을 훑어보고 그 안에서 마음에 드는 방식을 선택하면 어렵지 않다. 훈련법을 고른 후에는 한 가지 방식을 최소한 3~4주 동안 지속해야 한다. 그 다음에 다시 행운 스킬 진단에 점수를 매겨 각 능력에 변화가 생겼는지 확인하자. 이 작업을 반복함으로써 모든 능력을 골고루 향상하는 것이 이 책에서 추구하는 목표다.

이 책의 마지막 장에서는 추가로 일탈 능력에 대해서도 다루었다. 이는 당신이 어느 정도 행운을 붙잡은 후에 사용하는 능력이므로 우선은 제쳐놓아도 상관없다. 처음에는 1장~4장의 훈련법에 주력해 인생에서 목표를 달성한 다음에 마지막 장의 기술도 접목해보길 바란다.

CONTENTS

{ 1장 }

월드 맵 탐색하기

행운 = (행동 × 다양 + 인지) × 회복

{ 4장 }

이어 하기 반복하기

행운 = (행동 × 다양 + 인지) × **회복**

※ 본 도서의 정보는 2023년 1월 5일 기준으로 작성되었다.
※ 각주는 도서 마지막에 기재한 참고문헌 번호이다.

운의 알고리즘

행운 = (행동 × 다양 + 인지) × 회복

인생은 주어진 카드에 맞추는 진검승부

'포켓몬스터 블랙&화이트*' 중에서

---

* 닌텐도에서 2010년에 발매한 닌텐도DS 전용 게임으로, 포켓몬스터 게임 시리즈 중 5세대에 해당한다.

세상의 돈과 지위 중 44%는 운 좋은 인간 2%가 독점한다

'시작하며'에서는 인생에서 운이 중요한 것은 틀림없지만, 그 운을 정복할 명확한 공략법도 존재함을 설명했다. 이번 장에서는 그 공략법을 공식으로 확인하고 인생이라는 행운 게임에 맞서기 위한 청사진을 제시하기로 한다.

공식 내용을 자세히 보기 전에 운이 인생에 미치는 영향력을 좀 더 살펴보자.

인생이 아무리 운 게임이라고는 하지만 그 영향력을 올바르게 파악하지 못하면 공략법을 제대로 사용하지 못한다. 캐릭터를

이용해 모험하면서 역할을 완수하는 롤 플레잉 게임(이하 RPG)에서 괴물이 아이템을 떨어트리는 횟수를 파악해두면 게임을 유리하게 진행하는 것과 같다. 과연 우리 인생은 어디까지 운에 좌우될까?

우선 전제로, 인생에서 운의 공헌도를 어떻게 인식하는가에 대해서는 학자마다 결론이 크게 다르다. 교육 심리학자인 존 D. 크럼볼츠(John D. Krumboltz)는 "일에서 성공은 80%가 우연으로 결정된다"라고 주장했고,[1] 사회공학자이자 교육 경제학자 야노 마사카즈(矢野真和)는 "소득은 소질과 운과 노력의 조합으로 결정되며 소득 전체의 60% 정도에 운이 영향을 미친다"라고 계산했다.[2] 이탈리아 카타니아대학교의 연구팀은 비즈니스 업계에서 성공사례를 조사한 후 "기업의 경영 성적을 좌우하는 운의 비율은 약 30%"라고 추산했다.[3] 역시 운이 얼마나 영향을 미치는지 확인하는 작업은 그리 쉽지 않은 모양이다.

수치를 통일하기는 어렵다고 해도 운의 중요성 자체는 간단한 계산으로 실험할 수 있다.

성공의 95%가 능력으로 결정되고 5%가 행운의 영향을 받는다고 가정했을 때 어떻게 전개될지 살펴보자.[4] 전 세계 사람에게 0부터 100까지 중에서 균등하게 능력이 있고 행운도 0부터 100

까지 일정하게 분포한다고 하자. 이중 임의의 참가자들끼리 경합하게 하면 결과는 다음과 같아진다.

> ☑ 경쟁상대가 1,000명일 때 가장 능력이 뛰어난 사람이 약 55%의 확률로 이긴다.
>
> ☑ 경쟁상대가 10만 명일 때 가장 능력이 뛰어난 사람이 이길 확률은 13% 이하로 낮아진다.

경쟁자가 천 명 정도인 상황에서는 가장 높은 능력을 겸비한 자의 승률은 2분의 1을 약간 웃도는 수준에 안착한다. 최고 능력을 보유했음에도 그 승률은 코인을 던졌을 때 앞이나 뒤가 나올 확률과 별반 다를 게 없는 것이다. 심지어 경쟁자 수가 늘어나면 능력의 중요성은 더욱 낮아지는데, 경쟁하는 상대가 10만 명을 넘은 경우, 최고 능력을 겸비한 사람이라도 거의 승리를 기대하기 어려운 단계가 되어버린다. 어디까지나 모의실험에서 나온 결과이지만, 운의 중요성을 5%로만 설정했음에도 불구하고 이렇게까지 능력의 영향력이 낮아진다니 놀랍지 않을 수 없다.

특히 과학기술이 발달한 현대에는 서로 경쟁하는 상대 수가 1,000명을 능가하는 경우가 드물지 않다. 5% 설정으로도 이렇게

까지 강력한데 현실 세계에서는 운의 영향력이 더욱 크게 산출된다 해도 이상하지 않다.[5]

또 한 예로, 경제학자인 알레산드로 플루키노(Alessandro Pluchino) 연구진이 진행한 시뮬레이션도 살펴보자.[6]

연구팀은 컴퓨터에 가상으로 1,000개의 인물 모델을 만들어 각 개체에 무작위로 지성 및 사교 기술, 동기부여 유무, 결단력, 창의성, 감성적 지성(EQ 또는 EI) 등의 수치를 입력했고, 각 모델의 인생에 6개월마다 좋고 나쁜 일이 랜덤으로 일어나도록 했다. 그리고 인물 모델이 불운을 만났을 때는 성공률을 절반으로 떨어트리고 행운을 만나면 개체의 재능에 맞추어 성공률이 늘어나도록 설정했다. 그런 다음 인간의 40년에 상응하는 시간을 대입해 모의 실험했더니 다음과 같은 결과가 나왔다.

☑ **20개 개체만 성공 총량의 44%를 독점했다.**

☑ **전체 개체의 50%는 성공 수준이 초기 설정값을 벗어나지 못했다.**

출발 시점에서는 모두 같은 수준의 재력과 지위를 가졌음에도 불구하고 40년 후에는 겨우 2%의 개체가 전체의 40%에 가까운

부와 권력을 거머쥔 것이다.

물론 이는 시뮬레이션의 결과일 뿐이고 타고나는 재능을 고정 값으로 한 점에도 아쉬움이 남는다. 훨씬 정확한 값을 얻으려면 추가적인 실험이 필요하지만, 한편으로는 이 결과가 현실 데이터에 부합하는 것도 사실이다.

경제학자인 토마 피케티 연구진이 운영하는 '세계 불평등연구소(World Inequality Lab)' 조사에 따르면, 2021년 기준으로 세계 개인 자산의 37.8%를 상위 1%의 초부유층이 보유한 데 반해 하위 50%의 자산점유율은 2%에 불과하다.[7] 자산 편중은 해마다 가속하는 중이며 현대는 세계의 최빈곤층 절반에 해당하는 부를 겨우 여덟 명의 남성이 소유하고 있다는 지적도 나왔을 정도다.[8]

히트작의 탄생 시기는 본질적으로 예측 불가능하다

더욱 명확한 근거를 위해, 중앙 유럽대학교*에서 현실 세계에

---

* Central European University=CEU: 오스트리아와 헝가리, 미국에서 정규 고등교육 기관으로 인가한 국제적 사립 연구대학이며 오스트리아와 헝가리에 캠퍼스가 있다.

서 운이 미치는 영향력을 조사한 연구자료도 확인해보자.[9]

연구팀은 영화, 소설, 음악, 과학 분야를 대표하는 유명인을 골라 전원의 커리어 편력을 조사했다. 조사 대상은 영화감독 조지 루카스, 소설가 애거사 크리스티, 가수 프랭크 시나트라와 마이클 잭슨 등 각계를 대표하는 인물이다.

이 연구의 목적은 무작위성과 개인의 능력이 히트작 탄생에 어떻게 영향을 미치는가를 밝히고자 함이었다. 구체적으로 영화에서는 〈스타워즈〉, 음악에서는 〈마이웨이〉나 〈스릴러〉 같은 작품의 역사적인 성공이 발생한 시기를 수리 모델*에 집어넣어 가장 위대한 업적이 세상에 퍼진 타이밍을 분석했다. 개인 재능만으로 대히트작 탄생 시기를 어디까지 설명할 수 있는지를 조사한 내용으로, 분석 결과는 다음과 같다.

☑ 대히트작의 발생 시기는 본질적으로 무작위적이며, 유명한 작품은 언제 만들어지는지, 또는 위대한 발견은 언제 탄생하는지 전혀 예측하지 못한다.

☑ 커리어 초기에 히트작이 탄생하는지, 아니면 인생 마지막 작품

---

* mathematical modal: 정확한 정보를 얻기 위해 비수학적 대상을 수학적 개념과 언어로 연구하는 방법

이 히트하는지도 완전히 불규칙적이라 작품을 발표하는 타이밍으로 히트 여부를 예측할 수 없다.

📝 무작위성은 모든 분야에서 같은 효과를 가지며, 그 역할은 개인의 능력이나 기술이 미치는 영향보다 크다.

히트 작품이 탄생하는 과정에서는 개인 능력보다 우연이 미치는 영향이 크고, 아무도 성공 타이밍을 예측하지 못한다. 유명한 프로듀서와 공교롭게 아는 사이거나 새로 개발된 촬영 기법을 써먹을 기회가 생기는 등 대히트작 배경에는 반드시 어떻게든 운이 작용하기 때문이다.

그러고 보니, 역사를 돌이켜보면 누구나 인정하는 실력을 갖추었으면서도 운이 없어서 빛을 발하지 못한 천재의 에피소드도 무궁무진하다.

알렉산더 그레이엄 벨(Alexander Graham Bell)보다 겨우 두 시간 늦게 특허를 신청해 전화 발명가라 불리지 못하게 된 발명가 일라이셔 그레이(Elisha Gray)가 대표적인 인물이다. 원자번호 개념을 발견해 노벨상 수상이 확실했으나 제1차 세계대전에 참전했다가 목숨을 잃은 영국의 물리학자 헨리 모즐리(Henry Maudslay)도 있고, 세계 최고 수준의 연구를 진행했음에도 불구하고 프랑

스 과학 아카데미가 논문 제출을 잊어버린 탓에 아무에게도 업적을 알리지 못하고 병으로 죽은 수학자 닐스 헨리크 아벨(Niels Henrik Abel)도 있다.

모두 세계적 수준의 재능을 타고났으면서도 우연의 장난으로 영광을 붙잡지 못한 천재들이다. 사소한 운명의 어긋남은 이렇듯 성공과 실패의 경계를 예측 불가능하게 흔들어버린다.

459회 도전하면 성공률이 99%까지 높아진다

운이 인생에 미치는 영향을 이해했으니 운의 공식을 구성하는 요소를 상세히 살펴보자.

'시작하며'에서 언급한 운의 공식이란 다음과 같았다.

$$행운 = (행동 \times 다양 + 인지) \times 회복$$

공식의 맨 앞에 나오는 행동은 인생에서 실행한 구체적인 액션의 질과 양을 의미한다.

"행운은 시행 횟수로 결정된다"는 말을 들어본 사람이 많을 것이다. 좋은 운을 붙잡고자 한다면 인생에서 도전 횟수를 늘리는 수밖에 없다는 사고법인데, 이 인생 조언이 옳은 말인지 확인할 수 있는 간단한 계산법이 있다.

당신이 성공률 1%밖에 안 되는 어려운 일에 도전한다고 하자. 한 번만 도전한다면 성공을 기대하기 어려운 확률이지만, 실패한다고 해도 시행 횟수를 늘릴 때마다 확률이 조금씩 변동하므로 두 번째 도전이면 성공률은 약 2%로 증가(99%×99%=98.01%)한다. 그 후에도 도전을 반복할 때마다 수치는 늘어나서 시행 횟수가 100번이 넘으면 성공률은 63.396%를 넘어서며, 459번째 도전에는 99%에 달한다. 여기까지 오면 오히려 실패하기가 더 어려워질 것이다. 단순한 계산으로 얻은 수치이지만, 그만큼 든든한 결과라고 할 수 있다.

단지 아무리 시행 횟수가 중요하다지만 무턱대고 도전 횟수를 늘리는 게 최선이 아니라는 것도 쉽게 상상할 수 있을 것이다.

가령, 연말 점보 복권에서 1등에 당첨될 확률은 2천만분의 1이므로 시행 횟수를 늘리면 된다는 믿음으로 계속 사들인다고 해서 큰 돈벌이를 기대할 수는 없다. 그렇다면 BIG(1등 당첨 확률 약 478만분의 1)이나 토토(toto, 같은 확률 약 160만분의 1) 등에 희망을 거는 게 그나마 나을 것이다.

단순히 시행 횟수만 늘리는 것이 인생의 성공으로 이어지기 어렵다는 사실은 독일의 카이저슬라우테른 공과대학교의 연구에서도 확인되었다.[10] 이 연구는 15개국에서 모인 운동선수 6,000명 이상을 대상으로 진행한 메타분석으로, '스포츠 세계에서 성공하려면 어렸을 때부터 한 경기에 특화해야 하는가?'라는 주제에 관한 조사였다. 상위 수준의 운동선수는 과연 유소년기부터 특정 종목에 집중했을까? 아니면 어릴 때는 다양한 운동을 시도한 후에 어느 시점에 한 종목으로 굳혔을까?

알고 있겠지만, 어린 시절부터 특정 종목에만 집중한 운동선수는 적지 않다. 타이거 우즈는 2세부터 골프를 시작해 8세에 주니어 세계 선수권대회를 제패했고, 후쿠하라 아이(福原 愛)는 45개월부터 탁구 라켓을 손에 쥐었다. 또 하뉴 유즈루(羽生結弦)는 4세부터 피겨스케이팅만으로 기술을 갈고닦았다. 이런 톱 플레이어의 존재는 특정 종목에서 시행 횟수를 쌓는 게 중요함을 증명하는 것 같다.

그러나 카이저슬라우테른에서의 분석 결과는 달랐다. 실제로는 세계 수준의 운동선수일수록 10대에 여러 운동에 시간을 할애했고 목표를 한 종목으로 좁히는 시기가 늦었다.

반대로 어린 시절부터 특정 종목에 집중한 선수는 주니어 단계에서는 성공을 거두기 쉬웠으나 성인이 된 후에는 최고 자리에 오르지 못하는 경향이 있었다. 어린 시절부터의 영재교육은 어쩌면 장기적인 성공으로 이어지기 어려운 모양이다.

최상위 운동선수일수록 여러 종목을 경험한 이유는 크게 3가지다.

❶ 다수 종목을 체험함으로써 정신적으로 강인해진다.
❷ 여러 종목에 시도한 결과, 재능을 발견하기 쉬워진다.
❸ 다채로운 경험을 쌓음으로써 다방면의 기술을 습득한다.

하나의 스포츠에 몰두하면 연습 시간을 오래 확보할 수 있으나 그만큼 마인드 전환이 어려워진다. 게다가 자신의 재능이 다른 곳에서도 통하는지 검증받기 어렵고 경쟁자가 새로운 전술이나 공격법을 고안해서 오면 제대로 수비하지 못하게 된다.

한편, 여러 종목을 경험해두면 자신의 재능에 맞는 경기를 선택하기 쉬워지는 데다 몸이 여러 기술을 기억하므로 돌발상황 대응력도 높아진다. 또 연습의 변형 가짓수가 풍부해져 한 가지 연습에 몰두한 나머지 발생하는 번아웃증후군(무기력증)도 막을 수 있다. 경기에 따라 다르기는 하지만, 어린 시절에 다양한 스포

츠를 경험하는 게 유리한 건 틀림없나 보다.

듣고 보니 어린 시절에 여러 스포츠를 배운 최상위 레벨의 선수도 많은데, 당장 떠오르는 이름은 유소년기부터 야구와 농구를 훈련한 마이클 조던, 어린 시절에 유도를 배운 지네딘 지단 등이다. 타이거 우즈 같은 유형의 선수는 소수이며, 실제로는 특정 종목에 집중해 시행 횟수를 늘리는 것은 효과적인 전략이 아닌 듯하다.

이미 눈치챘겠지만, 지금까지의 설명은 운의 공식에서 두 번째 요소인 다양성에 관한 내용이다.

어제까지 통한 기술이나 지식이 내일은 진부해지는 현대에 다채로운 체험이 도움이 되는 것은 당연한 얘기다. 우리는 어쩌면 한 가지 일에 집중하는 사람을 칭송하기 쉬우나, 시행 횟수의 작용을 충분히 살리려면 같은 일을 반복하기보다 도전 분야도 늘려야 하는 것이다.

혁신적인 사람일수록 시간을 투자해 관찰한다

행운의 공식을 좀 더 파헤쳐보자.

지금까지 살펴본 것처럼 우리가 행운을 얻기 위해서는 처음에 시행 횟수를 높여 도전의 총량을 늘리면서 많은 분야에 손을 펼쳐서 다양성을 확장해가야 한다.

그러나 그것만으로는 이것저것 여러 번 시도하는 사람에 지나지 않는다. 행동한 횟수를 예기치 못한 행운으로 바꾸기 위해서는 공식에서 세 번째 요소인 '인지'가 필요하다.

인지란, 주변에서 일어나는 작은 변화를 눈치채는 능력을 의미하는데 시행 횟수를 통해 불러들인 좋은 우연을 꽃피우는 역할이다. 그 중요성에 대해서는 미국 브리검영대학교의 제프리 다이어(Jeffrey H. Dyer) 팀의 연구가 가장 유명하다.[11]

연구팀은 과거에 기발한 물건을 개발한 경영자와 발명가 약 3,500명을 인터뷰해서 모두의 일하는 모습을 점검했다. 참가자 중에는 전 사우스웨스트항공의 회장 허브 켈러허(Herb Kelleher)나 온라인 지갑 플랫폼 기업 페이팔(PayPal) 창업자 피터 틸(Peter Thiel) 같은 유명한 혁신가도 포함되었다. 이 연구 결과를 통해 혁신을 일으키는 사람일수록 관찰하는 데 시간을 쏟는다는 사실을 알게 되었다.

뛰어난 혁신가들은 모두 주위에서 일어나는 사소한 변화에도 민감하게 반응하고 그것으로 인해 전례 없는 발명을 이루었

다. 가령 인튜이트*의 공동창업자이자 최고 경영자였던 스코트 쿡(Scott Cook)은 아내의 평소 생활을 세밀하게 관찰한 결과, 가계부를 작성할 때마다 심기가 불편해진다는 사실을 알았다. 이 깨달음을 밑천으로 가계부 소프트웨어를 만들었더니 바로 그 해에 재무 소프트 시장의 50%를 차지하는 대히트상품이 되었다. 최근 사례로는, 오데오(Odeo, Inc.)라는 작은 IT 기업에서 직원 간 소통을 위해 사내용으로 만든 단문 메시지 교환 소프트웨어가 유명하다. 임원진은 기술자가 재미 삼아 고안했다는 이 메신저 도구의 이용률이 매우 높은 것을 알고 감탄했다. 그래서 이 도구를 신형 SNS로 발매하자는 발상을 떠올렸고 이렇게 탄생한 것이 그 유명한 트위터다(2023년 7월부터 명칭이 X로 바뀌었다-역주). 만일 오데오라는 기업에서 사내에 이상한 소프트웨어가 돌고 있다고만 생각했다면 트위터는 세상에 나오지 못했을지도 모른다. 임원진이 직원이 우연히 만든 도구의 영향력을 인지했기에 참신한 SNS를 세상에 선보일 수 있었으니 말이다.

데이터에 따르면, 뛰어난 혁신가는 평범한 사람보다 인지에 1.5배의 시간을 쏟고 있었다. 입이 딱 벌어지는 발명품을 탄생시키는 사람일수록 주변의 우연을 주의 깊게 관찰하고 거기에서

---

*   Intuit Inc.: 중소기업과 자영업자 등의 비즈니스 업무를 지원하는 소프트웨어 개발사

얻은 발견을 행운으로 바꿀 수 있는 것이다.

행동·다양·인지라는 3가지 요소에 대해 알았으니 마지막으로 빼놓을 수 없는 회복의 기술에 관해 설명하겠다. 회복이란 말 그대로 실패해도 다시 일어서는 능력을 말하는데, 좌절의 아픔으로부터 빠르게 빠져나와 다시 도전하는 정신 작용이다.

운을 붙잡기 위해서는 당연히 회복력이 필요하다. 한두 번의 실패로 위축된다면 행운의 전제조건인 행동량과 다양성을 늘릴 수 없다. 행동이 늘지 않으면 좋은 우연이 찾아오지 않고 인지력을 살릴 기회도 놓친다. 인생에 실패는 따라다니게 마련이며 죽을 때까지 한 번도 좌절을 경험하지 않은 사람이란 평생 아무것도 하지 않은 사람뿐이다. 그러니 실패를 거쳐야 할 과정으로 인정하고 회복력을 기르는 수밖에 없다.

전 세계 천재들이 입을 모아 말하는 행운의 비결이란?

운의 공식을 다시 확인해보자.

$$행운 = (행동 \times 다양 + 인지) \times 회복$$

운을 붙잡기 위해서는 처음에 도전의 총량을 늘리고 동시에 행동의 다양성을 넓힘으로써 여러 우연이 들어올 수 있도록 토대를 만들어야 한다. 그런 다음에 예기치 못한 변화에 주시하면서 실패에서 몇 번이나 다시 일어섬으로써 단순한 우연을 발전적인 운명으로 바꾸는 것이다.

이런 식으로 분해해보면 운의 공식은 옛 현자들이 보여준 조언과 매우 닮아 있다.

고대 로마의 철학자 세네카(Lucius Annaeus Seneca)는 지금으로부터 2,000년도 훨씬 전에 "행운은 준비와 기회가 만났을 때 생긴다"고 주장했고, 발명왕 에디슨(Thomas Alva Edison)도 "행운은 기회와 준비가 일치했을 때 실현된다"는 말을 남겼다. 두 사람 모두 준비의 중요성을 강조하는 점이 같다.

중성미자 천문학* 분야에서 노벨상을 받은 고시바 마사토시(小柴昌俊)의 저서에서도 비슷한 표현을 찾을 수 있다.

"분명 우리는 운이 좋았다. 하지만 너무 행운이라는 말만 들으니, 운만 따른 것은 아니라고 말하고 싶다. 행운은 모두에게 공평하게 주어지지 않았는가. 그것을 붙잡았는지 놓쳤는지는 얼마나

---

* neutrino astronomy: 빛, 즉 전자기파를 관측하는 전통적 천문학과 달리 중성미자라는 소립자를 이용해 관측하는 연구 분야

성실히 준비했는가의 차이라고 생각한다."

여기에서도 준비의 중요성이 강조되었다. 어디까지나 개인적인 체험담이면서도 동서고금의 천재들이 같은 결론에 도달했다는 사실은 역시 주목할 만한 가치가 있다.

그러나 아쉽게도 그들이 한 말만으로는 준비에 대한 구체적인답을 파악하기 어렵다. 행운이 준비의 결과물이라고는 이해했지만, 정작 어떻게 해야 하는지 묻는다면 당황하는 사람이 대부분일 것이다. 천재의 사고에는 특별한 향상성이 따라다니므로 이것이다, 라고 우리가 쉽사리 추적할 수 있는 것은 아니다.

그런 점에서 운의 공식은 우리에게 준비의 청사진을 제시한다. 어려운 수학 문제도 특별한 식을 사용하면 간단히 풀리는 것과 마찬가지로, 운이라는 정체 모를 현상도 단숨에 안개 걷히듯밝혀질 것이다.

그렇기는 하지만 아무리 유용한 도구도 실천하지 못하면 돼지목에 진주 목걸이일 뿐이다. 공식을 평소에 쓰는 기술로 녹여내지 못하면 누구에게나 공평하게 주어지는 행운을 붙잡을 수 없을 것이다. 우리는 운의 공식을 어떻게 활용해야 할까?

운을 붙잡기 위한 로드맵

운의 공식을 활용하는 방법으로 들어가기 전에 이 책의 전체 로드맵을 훑어두자. 인생이라는 운 게임을 완수하기 위해 1장부터는 RPG의 룰에 비유하면서 다음과 같은 순서로 훈련을 진행하겠다.

1장

월드 맵 탐색하기

먼저 행동량과 다양성을 키우는 작업부터 시작한다. 평소에 하지 않던 활동의 가짓수를 늘려서 좋은 우연이 찾아올 확률을 높이기 위한 훈련법이다. 행동량과 다양성은 기초 체력이라 할 만한 요소이므로 우선 이 지점에 손을 대면서 예기치 못한 우연이 일어날 확률을 점차 높인다. 게임에 비유한다면 제시된 맵을 구석구석 돌아다니며 던전(괴물들이 포진한 소굴)이나 보석을 찾아내는 단계다.

2장

공략 힌트 알아채기

이어지는 단계에서는 당신 삶에 찾아온 우연을 알아채는 기술을 키운다. 1장에서 아무리 우연의 양을 늘려도 이 단계를 빼놓으면 행운을 얻지 못한다. 게임 속에서 마을주민이 힌트를 알려주었는데 그 사실을 지나쳐버린 것과 같은 상황이다.

3장

**주요 미션
도전하기**

정작 좋은 우연이 찾아와도 그것으로 당신 삶이 개선되지
않는다면 정말로 행운을 붙잡았다고 할 수 없다. 그래서
3장에서는 예기치 못한 우연의 실체를 더욱 깊이 파헤치
며 장기적으로 인생을 바꾸기 위한 기술을 기른다. 1장에
서는 행동의 양을 늘렸으니, 3장에서는 행동의 질을 높이
는 게 목표다.

4장

**이어 하기
반복하기**

게임 세계에서는 실패하는 게 당연하다. 갖고 싶은 아이
템을 입수하지 못했거나 보스 캐릭터와의 전투에서 패하
는 등 기대에서 벗어난 결과로 끝나는 게 다반사다. 이 문
제에 대처하기 위해 4장에서는 Game Over라는 상처를
극복하고 다시 플레이로 돌아가는 기술을 성장시킨다. 실
패를 부정적으로 인식하지 않고 다음 운으로 이어가기 위
한 단계다.

좀 추상적이므로 위의 로드맵을 구체적인 예로 설명하겠다.

당신은 한참 이직 활동 중이다. 역량을 살릴 만한 회사를 찾아
야겠다는 마음에 매일 구직 사이트를 검색하고 에이전시와 연락
하지만 좀처럼 구미에 당기는 후보 기업이 나타나지 않는다. 고
민한 당신은 학창 시절 친구에게 다시 연락하고 새로운 부업도
시작했으며 친하지 않은 동료에게 말을 거는 등 새로운 행동을
늘리기로 했다. 이 책의 로드맵으로 말하자면 '월드 맵 탐색하기'

에 해당하는 단계다.

이윽고 당신에게 예상하지 못한 우연이 찾아왔다. 십수 년 만에 옛 친구에게 연락했다가 과거의 경험을 살릴 수 있을 것 같은 프로젝트가 화두로 떠오른 것이다. 그것을 알아차린 당신은 그 친구에게서 자세한 이야기를 듣기로 했다. 이 단계는 2장의 '공략 힌트 알아채기'에 해당한다.

단지 여기에서 이야기를 듣는 것만으로 끝나면 무의미하다. 우연을 행운으로 바꾸기 위해서는 옛 친구와 소통을 이어가면서 프로젝트에 응모하기 위한 서류를 작성하고 당신의 적성을 어필하는 등 액션을 보여야 한다. 운을 붙잡으려면 상응하는 행동력이 필수이며, 이 단계는 3장의 '주요 미션 도전하기'와 같다.

다음으로 당신은 프로젝트 면접에 도전하지만 유감스럽게도 상대측과 조건이 맞지 않아 첫 대면에 실패한다. 그 후에도 몇 번 교섭하지만 좀처럼 조율하기 어렵다. 그래서 당신은 프로젝트와 관련된 범위를 바꾸거나 포트폴리오를 수정하는 등 다른 각도에서 대응하기로 했다. 이 단계는 4장의 '이어 하기 반복하기'와 일치한다.

이렇게 착실하게 운의 공식 과정을 거친 당신은 드디어 프로젝트에 참여하게 되었고 계획에도 없던 경력을 쌓게 되었다.

너무도 짜 맞춘 듯한 이야기지만, 현실에서도 뜻밖의 상황에서 이상적인 직장을 만나는 경우는 흔하다.

교육 심리학자 크럼볼츠(John D. Krumboltz) 연구팀은 성공한 직장인의 커리어를 조사했는데, 참가자 인생에 찾아온 터닝 포인트 중 80%에 예상치 못한 우연이 관계했다고 했다.[12]

단순한 취미가 창업으로 이어지거나, 주점에서 만난 상대와 시작한 부업이 대박 나고, 우연히 배속된 프로젝트를 통해 일의 재미에 눈을 뜨는가 하면, 전에 다니던 직장의 고객으로부터 새로운 일을 제안받기도 한다.

성공한 직장인의 대부분은 상상하지도 못한 우연으로 커리어를 갱신하고 그 후의 삶을 크게 바꾼 것이다.

인생의 전환점 중 80%가 정말로 우연으로 결정되는가는 여전히 논의의 여지가 있으나, 행운을 제대로 붙잡은 사람일수록 보다 나은 커리어를 밟기 쉬운 것은 틀림없다.

목적 없는 탐색이 답이다

거듭 말하지만, 운의 공식에 맞추어 행동의 양을 늘리면 인생

이라는 행운 게임을 공략하기 훨씬 수월하다. 꾸준히 폭넓게 세계를 탐색하다 보면 도중에 도움이 되지 않는 보석이나 아이템을 무수히 발견하겠지만, 동시에 소중한 상황과 마주칠 확률도 올라가기 때문이다.

불확실성으로 가득 찬 인생에서 운을 붙잡으려면 명확한 목적이 없더라도 세상을 탐구하면서 예기치 못한 우연이 일어나는 것을 기다리는 수밖에 없다.

자, 1장부터는 실전이다.

월드 맵 탐색하기

행운 = (**행동 × 다양** + 인지) × 회복

괴물들과 싸워서
경험을 쌓는 게 먼저다!

'드래곤 퀘스트*' 중에서

---

* 드래곤 퀘스트(Dragon Quest): 일본에서 제작한 롤플레잉 비디오게임 시리즈로, 1986년에 처음 시판되었다.

혼돈을 지워서는 안 된다

RPG를 시작한 플레이어가 우선 해야 할 일은 월드 탐색이다.

마을이나 성의 주민들에게 이야기를 듣고 필드를 돌아다니며 괴물 소굴에 잠입한다. 거기에서 얻은 정보를 토대로 탐색 범위를 넓히고 괴물들을 무찔러 스킬을 높이며 미스터리를 풀어가는 것이 게임의 묘미일 것이다.

현실에서도 마찬가지로, 새로운 일을 시작하려면 당신이 사는 세계를 탐색할 필요가 있다. 게임에서처럼 낯선 사람과 여러 차례 대화하고 어색한 환경에 맞닥트리면서 새로운 프로젝트를 담당하고 다채로운 경험을 쌓지 않으면 인생 공략은 순탄하지 못하다.

문제는 탐색에 필요한 기술이란 무엇인가, 라는 점이다. 적극적으로 세계를 탐색하고 반가운 우연과 만날 확률을 높이기 위해서는 어떤 기술을 쌓아야 할까?

일단 논지에서 벗어나지만, 문제의 답을 찾기 위해 다른 궁금증에 대해 생각해보자. 천재들은 공통으로 어떤 성격을 가졌을까?

위스콘신대학교에서는 2021년에 천재가 지닌 특유의 퍼스널리티를 조사했다. 연구팀은 천재와 관련된 과거의 조사 자료 중에서 13건을 추출해 약 8,000명의 데이터로 메타분석을 실시했다.[1] 메타분석은 기존에 진행된 다수의 연구 결과를 통합해 종합적 결론을 내는 방식으로, 한 가지 데이터만 참조할 때보다 정밀한 결론을 도출할 수 있다.

이 조사에서 정의하는 천재란, 동 세대 사람들보다 지성이 뛰어나며 수학이나 어학 같은 학문적인 성적은 물론 참신한 예술을 만드는 상상력, 사람들을 아우르는 리더십, 철학적인 사고의 깊이 등 모든 지적 분야에서 능력치의 높고 낮음을 문제로 다루었다.

과연 모든 천재에게 공통된 성격은 무엇이었을까?

답은 '뛰어난 개방성'이다. 개방성은 인간의 특성 즉 퍼스널리티를 연구할 때 등장하는 용어로, 미지의 정보에 긍정적인 관심을 두고 그 관심을 행동으로 옮길 수 있는지를 나타내는 성격이다. 쉽게 말해, 천재들은 모두 호기심이 왕성했다는 뜻이다.

한편으로, 사람 만나기를 좋아하지 않거나 불안해지기 쉬운 성격은 천재와 거리가 멀었다. 소설 같은 허구의 세계에서는 신경질적이고 사교성이 부족한 천재라는 고정관념도 눈에 띄지만, 실제로는 천재와 일반인을 구분하는 기준이 호기심의 유무인 것이다.

호기심과 천재가 맞물린다는 점에는 아무런 위화감이 없다. 무엇에나 흥미를 느끼고 몰두하면 그만큼 폭넓은 경험을 얻고 어려운 문제를 해결하는 응용력도 높아진다. 분야를 초월한 지식을 습득하니 뜻밖의 정보를 얻고 참신한 사고나 표현을 고안할 확률도 높아질 것이다.

사실, 호기심으로 가득 찬 위대한 인물의 예는 얼마든 찾을 수 있다.

양자전기역학의 기초를 구축한 천재 리처드 파인만(Richard Feynman)은 MIT 학생 시절, 소변은 중력에 의해 몸에서 저절로 나온다고 우기는 친구에게 물구나무서기를 해도 배뇨가 가능함을 몸소 보여줌으로써 반론했다. 그 후에도 연구를 이어가는 한편으로 금고 해부 기술에도 흥미를 느낀 파인만은 로스앨러모스 국립 연구소에 소속된 후 기밀문서가 든 캐비닛의 잠금장치를 해제하는 장난을 반복했다. 또한 파인만은 예술에도 관심을 보여 예술가인 친구에게서 매주 그림 그리기의 기초를 배웠을 뿐 아니라, 취미로 시작한 봉고 드럼 실력도 뛰어나서 연극이나 발레 공연 때 연주까지 했을 정도다. 파인만은 또 다른 문화에도 관심이 많은 모양이었다. 학회 참석차 일본을 방문했을 때는 어설프지만 일본어로 대화하는가 하면 주최자가 준비한 서양식 호텔을 거절하고 전통 료칸에 머물기 위해 지방까지 내려갔다고 한다. 만년에는 자신의 업적에 관한 질문을 받고 다음과 같이 대답했다.

"사람들이 파인만이라는 이름을 떠올릴 때, 호기심 넘치는 사람이었다는 것만 기억해주길 바란다."

평생 재미를 추구한 파인만은 마음이 향하는 대로 과학과 예술을 넘나들면서 위대한 업적을 남겼으니, 정말 호기심 괴물임이 분명하다.

초현실주의를 대표하는 예술가 살바도르 달리(Salvador Dali)도 호기심 왕성한 천재로 유명하다. 처음에는 화가로 시작했으나 곧 그림 그리기에 질린 그는 악몽 이미지를 구현한 전위 실사영화 〈안달루시아의 개〉를 제작했고 디즈니와 손잡고 단편 애니메

이선도 만들었다. 커리어 중기에는 〈히든 페이스〉라는 제목의 장편소설로 귀족의 퇴폐적인 생활을 그렸나 싶더니, 스페인 피게레스의 극장 미술관이나 바닷가에 자택을 지을 때는 설계도 맡았다. 그 호기심은 만년에도 쇠퇴하지 않고 보석 장식이나 가구 디자인, 막대 사탕 츄파춥스의 로고까지 디자인하는가 하면 과학자들을 모아놓고 토론회까지 열었다.

달리는 자기 행동 원리에 대해 다음과 같은 말을 남겼다.

"중요한 것은 혼돈을 확대하는 일이다. 혼돈을 지워서는 안 된다."

죽을 때까지 다양한 활동에서 영감을 얻은 달리는 그 영감으로 생의 마지막까지 기발한 표현을 창조했다. 잘하는 분야에 갇히지 않고 온갖 장르에 손을 뻗으며 혼돈을 확대하는 일이야말로 달리의 삶 자체였던 것이다.

독창적인 일을 해야 한다. 다수를 따라가면 안 된다

예술이나 과학의 세계에서만 호기심과 천재의 연관성을 인정하는 것은 아니다. 최근에는 비즈니스 세계에서도 호기심의 중요성을 외치기 시작했다.

아리조나 주립대학교에서 진행한 조사가 대표적인 예로,[2] 연구팀은 세계 3대 신용평가기관 중 한 곳인 미국의 S&P(Standard & Poor's)에 속한 1,500개 기업 데이터에서 약 4,500명의 CEO를 추려 모두와 관련된 직무나 업종 수 등을 조사한 후, 다음 두 개의 그룹으로 나누었다.

❶ 제너럴리스트(모든 분야에 뛰어남): 과거에 복수의 업계나 기업에 도전한 CEO
❷ 스페셜리스트(전문 분야에 뛰어남): 특정 업계나 기업에서만 경험을 축적한 CEO

그 후 모든 CEO의 업적을 비교했더니 결과는 제너럴리스트의 승리였다. 복수의 업계나 기업에서 다양한 직무를 거친 사람이 스페셜리스트에 비해 수입이 19%나 많았는데, 이를 연봉으로 환산하면 평균 1억 2천만 엔(약 10억 5천만 원) 차이다. 제너럴리스트의 압승이라 해도 과언이 아니다.

이렇게까지 차이가 생긴 원인은 '서장'에서 살펴본 운동선수 경우와 같다.

다수의 기업에서 시행착오를 거듭한 CEO는 특정 업계에서만 종사한 CEO보다 다채로운 경험을 쌓기 쉬우므로 자연스레 풍부한 기술과 지식을 습득한다. 다양한 업종에서 일하는 사이에 자신의 장단점을 깊이 이해하고 겸비한 재능을 살리기 쉬워지는 것도 큰 포인트다.

또 남캘리포니아대학교에서 진행한 조사에서도 내부 승진보다 외부 채용을 통한 CEO가 실적이 좋다는 결과가 보고되어 특정 분야에서만 시행 횟수를 거듭하는 위험성에 경종을 울리고 있다.[3]

다양성이 풍부한 행동을 통해 큰 성공을 거둔 대표적인 사람은 헤지펀드 운용으로 125억 달러(약 12조 원) 이상의 자산을 얻은 제임스 사이먼스(James Harris Simons)다.

어린 시절부터 숫자를 좋아한 사이먼스는 대학교에서 수학을 전공한 후 미국 국가안전보장국에 들어가 암호해독에 전념하다가 4년 만에 퇴사했다. 다시 학문의 세계로 돌아가 하버드대학교에서 교편을 잡기 시작하더니 이번에는 자산운용에 관심이 생겨서 르네상스 테크놀로지스(Renaissance Technologies)라는 헤지펀드 회사를 설립했다. 비즈니스 경험이 전혀 없는 상태에서 창업한 그를 두고 주위에서는 실패를 장담했다. 여기서 사이먼스는 의

외의 행동에 나선다. 보통은 펀드 전문 분석가나 경제학자를 고용해 운용을 시작할 테지만, 그는 물리학자, 신호처리 전문가, 천문학자, 언어학자와 같은 여러 분야 과학자를 고용한 데다가 자신의 커리어를 통해 배운 수학과 컴퓨터 기술을 조합해 독자적인 운용 모델을 완성한 것이다.

당연히 사람들은 아마추어의 운용 모델 따위는 가치가 없다고 무시했으나, 현실은 사이먼스에게 어마어마한 승리의 잔을 안겼다. 그의 펀드 자산액은 2017년에 6,600만 달러에서 100억 달러까지 성장했고 연평균 수익률 39%라는 경이로운 숫자를 쏟아내었다.

사이먼스는 자신의 성공 비결에 대해 이렇게 설명한다.

"독창적으로 일해야 한다. 무리를 따르면 안 된다. 최고의 비결은 행운을 기원하는 것, 그것이 가장 중요하다."

태양의 흑점이나 달의 위치가 시장에 미치는 영향, 파리의 기후와 시장의 상관관계까지 조사한 헤지펀드사는 르네상스 테크놀로지스 외에 없다. 이렇게까지 유별난 독창성은 사이먼스가 다양한 행동을 쌓지 않았다면 탄생하지 못했을 것이다.

세 명의 천재 파인만, 달리, 사이먼스는 활약한 무대는 다르지만 하나같이 강렬한 호기심을 따라 성공을 손에 쥐었다.

물론 호기심이 유일한 비결은 아니지만, 아무리 탁월한 지능이나 강한 정신력을 타고났다고 해도 호기심이라는 토대가 없다면 발휘하지 못한다. 자신의 특기를 초월한 분야에 관심을 두면서 손익계산을 따지지 않고 폭넓은 도전을 거듭하지 않으면 어떠한 재능도 날개를 달지 못하고 끝날 수 있다. 진정한 천재는 목숨이 다할 때까지 인생을 탐색할 수 있는 자다.

될 때까지 잘되는 척하자

호기심이라는 기술을 익히고 인생을 꾸준히 탐색하려면 어떻게 해야 할까?

여러 방법 중 가장 핵심은 다음 말로 집약된다.

'될 때까지, 잘되는 척하자(Fake it till you make it).'

만일 다른 누군가로 다시 태어나고 싶다면 그 인물의 생각과 행동을 따라 하라. 그러면 이윽고 되고 싶던 인간이 된다. 누구나 알 법한 이치를 단적으로 표현한 이 말은 영어권에서는 꽤 익숙한 문구다.

일로 인정받고 싶을 때는 높은 성과를 올리는 사람의 일하는 모습을 흉내 내고, 운동을 잘하고 싶을 때는 경기를 잘하는 선수의 자세를 따라 한다. 이렇듯 누구에게나 되고 싶은 인물의 생각과 행동을 모사해본 경험이 한 번쯤 있을 것이다. 아무 근거도 없이 자신을 개선하고자 모색하기보다는 구체적인 롤모델이 있으면 훨씬 성공에 가까워지기 쉬울 것이다.

이런 조언이 일이나 운동에서만 통하는 건 아니다. 인간의 호기심 역시 잘되는 척하다 보면 발전한다는 것을 최근 수년 동안의 연구로 알아냈기 때문이다.[4]

이 점과 관련해 미국 서던메소디스트대학교(Southern Methodist University)의 심리학자 네이선 허드슨(Nathan W. Hudson) 연구진이 재미난 실험을 진행했다. 연구팀은 여러 대학교의 대학생 400명 이상을 모은 후 자신의 성격 중에서 바꾸고 싶은 부분을 생각하라고 제시했다. 그리고 연구팀이 사전에 만들어놓은 액션 리스트 중에서 실행하고 싶은 항목을 골라 일주일에 1~4가지씩 완수하도록 지령했다. 이 액션 리스트에는 참가자가 실행해야 할 구체적 활동이 적혀 있었으며 수행해야 할 과제는 각자의 요구에 맞추었다.

가령, 사교성이 좋아지고 싶은 학생은 '과거의 친구에게 연락하기' '처음 만나는 상대에게 인사하기' 등의 과제를, 밝은 성격을 갖고 싶은 학생은 '친구에게 걱정거리 상담하기' '불안하면 심호흡하기' 등의 과제를 완수해야 한다. 요는, 참가 학생 모두 각자가 바라는 성격을 이미 갖춘 듯 행동하게 한 것이다.

그리고 4개월 후, 학생들에게 꽤 흥미로운 변화가 나타났다. 과제를 착실하게 수행한 참가자는 성격테스트 결과가 바뀌었고 실제로 본인이 바라던 캐릭터를 갖게 된 것이다.

이 결과에 대해 연구팀은 '자신이 목표하는 행동을 적극적으로 실행할 수 있다면 성격 특성은 바꿀 수 있다'는 의견을 내놓았다.

결론적으로, 인생을 탐구하는 기술을 습득하려면 호기심이 많은 인물을 따라 꾸준히 연기하면 된다. 이 작업을 여러 번 반복하다 보면 새로운 신경 패턴이 뇌에 조금씩 똬리를 틀고 마침내 내면에 새로운 성격을 뿌리내린다. 쉽게 말해 호기심은 장착할 수 있다.

호기심 장착을 위한 50가지 행동

우리 안에 호기심을 장착할 때도 앞선 실험에서처럼 특정 행동을 반복하는 게 최선이다. 서던메소디스트대학교 연구팀이 개발한 액션 리스트를 구체적으로 소개하겠다.

사용법은 간단한데, 리스트에 적힌 50개 항목 중에서 도전하고자 하는 내용을 골라 일주일에 1~4가지씩 실천해보자. 처음에는 아무 변화도 느끼지 못하겠지만, 단시일 안에 하루하루의 도전이 축적되어 틀림없이 호기심의 싹이 자랄 것이다.

이 리스트는 행운 스킬 진단(14~15쪽) 결과에서 행동력 점수가 낮았던 사람에게 큰 효과를 기대할 수 있다. 늘 같은 일만 반복하거나 일상에 변화가 없다는 생각이 든다면 호기심 훈련부터 시작하기를 권한다.

호기심 액션 리스트
1	해외 소식에 관한 기사 읽기
2	과학적 발견이나 기술에 관한 최신 기사 읽기
3	지금까지 본 적 없는 영화 감상하기
4	지금까지 본 적 없는 드라마의 1화 시청하기
5	새로운 팟캐스트에 등록해 첫 에피소드 듣기
6	인생의 목표나 가치관에 대해 5분 동안 생각해보기
7	좋아하는 식당에 가서 지금까지 먹어보지 않은 요리 시도하기
8	가보지 않은 박물관이나 미술관 방문하기
9	나와 다른 정치 성향에 관한 기사 읽기
10	시간 여행이 가능하다면 어디에 가서 무엇을 할지 5분 동안 생각해보기
11	하늘을 날 수 있다면 무엇을 할지 5분 동안 생각하기
12	최소 5분간 명상하기
13	한 번도 간 적 없는 식당에 가보기
14	독서 모임이나 시 낭송회에 참여하기
15	눈을 감고 좋아하는 곡을 들으면서 곡의 어떤 점이 좋은지, 어떤 기분이 드는지 몇 분 동안 생각하기
16	일상에서 아직 답을 찾지 못한 질문을 적어보기(예: 플라스틱은 무엇으로 만들어졌을까? 화장실 물이 흐르는 원리는?)
17	미술작품을 판매하는 곳에서 마음에 든 것을 찾아내어 그 작품의 어느 부분이 좋은지, 무엇을 느꼈는지 생각하기

18	평소에 듣지 않던 음악 공연에 참석하기
19	철학적인 주제에 관해 5분 이상 생각하기(예: 인생의 의미, 안락사는 도덕적으로 허용될까?)
20	지금까지 해본 적 없는 새로운 활동을 찾아 도전하기
21	일상에서 궁금한 일을 찾아 인터넷에서 검색하기(예: 기린의 혀는 왜 보라색일까? 도로가 정체되었을 때 제일 앞의 차는 어떤 상황일까?)
22	가보고 싶은 장소를 정하고 그곳에서 해보고 싶은 일을 5분 정도 공상하기
23	새로운 소설이나 논픽션을 30분 이상 읽기
24	예술 활동을 20분 이상 하기(예: 그림 그리기, 조각, 사진 촬영)
25	지금까지 간 적 없는 동네 공원이나 가게 찾아가기
26	무언가 새로운 일에 도전하고(음식, 이벤트, 야외활동 등) 하루를 마무리하면서 그 체험에서 마음에 든 점을 5분 정도 돌아보기
27	자기 전에 그날 깨달은 모든 아름다운 것을 반추하기(자연 같은 물리적인 아름다움뿐 아니라 친구 관계 등의 추상적인 아름다움 포함)
28	나의 심리를 5분 정도 일기에 적어보기
29	정치나 외국 소식에 관한 뉴스를 읽고 그에 대해 친구에게 이야기한 후 감상 듣기
30	아름다워 보이는 인공물이나 자연을 사진으로 찍기
31	최근 알게 된 것을 친구에게 말하고 상대가 관심을 보이면 그 주제로 이야기 나누기
32	그날 배운 새로운 것에 대해 수 분간 생각한 후 관련된 궁금증을 두 개 이상 질문 형태로 만들기
33	생활 속에서 이해하지 못한 것을 떠올린 후, 조사하기 전에 답이 될 만한 설명을 최소 5분 정도 생각하기(예: 선크림은 어떤 구조일까?)

34	토론회를 보고 양쪽 주장 이해해보기
35	자연이나 예술 등 아름다운 것을 보았을 때 친구든 남이든 옆에 있는 사람에게 말하기
36	친구에게 인생의 의미가 무엇이냐고 물어 논의하기
37	흥미 있는 주제를 찾아 그 주제로 열리는 강연회에 참석하기
38	내가 모르는 토픽에 대해 잘 아는 친구에게 질문하고 배우기(예: 다른 전공 분야, 다른 국가, 음식이나 활동 등)
39	해보고 싶은 새로운 체험을 작성해 그중 하나를 시도하기
40	동네에서 열리는 행사를 찾아보고 새로운 이벤트에 참여하기
41	친구와 꿈에 관해 이야기하고 내 꿈도 공유하기
42	친구와 철학적 주제로 논의하고 생각에 깊이 더하기
43	싫어하는 예술이나 음악을 찾아 그 작품의 좋은 점을 5분 정도 생각해보기
44	독서 모임에 참여해 읽은 적 없는 책에 관해 이야기하기
45	친구나 가족에게 인생에 대해 심도 있는 질문을 던지고 답을 이해하고자 하기
46	다른 문화를 가진 친구나 지인을 찾아 그 문화에 대해 질문하고 이해하기
47	의견이 다른 사람(정치, 종교, 문화, 취미 등)을 찾아 그 사람의 견해를 이해하기 위해 질문하기(논의는 하지 않는다)
48	물의를 일으킬 만한 주제에 대해 다른 사람의 생각을 이해하고자 노력하기. 상대와 논의하지 말고 상대 생각을 이해하려고 하기
49	물의를 일으키는 토픽에 대해 의견을 생각하고 적어도 5분은 반대 의견을 가진 사람이 왜 옳은지 생각하기
50	물의를 일으키는 화두에 대해 친구에게 의견을 묻고 순수하게 상대 생각을 이해하려고 하기

인간은 무의식적으로 새로운 것을 거부한다

호기심을 훈련할 때 주의점도 알아두자.

호기심 액션 리스트를 실천할 때는 반드시 '반 창의성 편향(The Bias Against Creativity)'에 유념해야 한다.

반(反) 창의성 편향이란 무의식중에 미지의 체험이나 생소한 정보에 혐오감을 품는 심리구조를 말한다. 머릿속으로는 새로운 것을 접촉하는 것이 좋은 현상인 줄 알면서도 실상은 과거와 똑같은 행동을 반복하는 사람이 적지 않다.

- ☑ 경험이 없는 분야의 영화를 보고 싶지만 무심코 평소에 보던 액션 영화를 골라버린다.
- ☑ 참신한 요리를 먹고 싶었는데 결국 늘 가던 식당의 신메뉴를 부탁하고 만다.

이 같은 경험에 익숙한 사람도 많을 것이다. 어느 경우이건 당신 안에서 저절로 작동한 반 창의성 편향이 무의식중에 과거와 같은 행동을 취하도록 유도한 결과라고 할 수 있다.

이런 심리 작용에 관해서는 심리학자인 제니퍼 뮬러(Jennifer

Mueller) 팀이 진행한 실험이 유명하다.[5]

연구팀은 남녀 200명을 대상으로 '가죽 두께를 자동으로 조정할 수 있는 나노테크 슈즈'라는 발명품을 이용해 이들이 창의성이나 개성에 대해 어떻게 생각하는지 조사했다.[6]

그 결과는 다음과 같다.

☑️ 참가자 전원이 '새로운 것은 적극적으로 흡수하고 싶다', '참신한 발명을 기대한다'고 대답했지만, 내재적 연관검사(IAT)* 결과에서는 과반수가 창의적 아이디어를 '구토', '독', '고통' 등의 부정적 단어와 연결지었다.

☑️ 참가자 전원이 '창의적 아이디어는 도움이 된다'고 답했지만, 실제로 참신한 상품을 손에 든 후에는 대부분 '신선함과 실용성은 비례하지 않는다'는 의견을 달아, 현실에서는 새로운 발명 등을 무의미하다고 생각했다.

결론적으로 사람들은 '새로운 것은 놀랍다'라고 입으로는 말하면서도 마음 깊은 곳에서는 독창성과 창의성에 부정적인

---

* Implicit Association Test: 외부로 드러나지 않는 내재적, 암묵적 태도를 측정하는 진단 방식으로 의식과 무의식의 차이를 분명하게 보여준다.

이미지를 갖고 참신한 아이디어를 무시하는 경향이 있다는 것이다.

이 현상에 대해 뮬러는 다음과 같이 지적한다.

"인간이 새로운 것을 싫어하는 이유는, 새로운 발명이나 행동에는 불확실성이 수반되고 인간이 그 불확실성을 회피하고자 하기 때문이다. 또 대다수는 새로운 발상이나 행동이 사회적으로 거절당할 가능성에도 민감하게 반응하기 때문이다."

체험하지 못한 행동 이면에는 반드시 실패에 대한 위험이 도사린다. 새로 시도한 요리가 입에 맞지 않을지도 모르고 미지의 영화를 보면 시간만 낭비하고 끝날 가능성이 충분하다. 그런 불확실성을 피하고 싶은 심리가 부지불식간에 우리를 새로운 체험에서 멀어지게 하는 것이다.

이와 유사한 데이터도 상당히 많은데, 초·중학교 교사를 대상으로 한 연구에서는 교육을 위해 창의성이 중요하다고 답한 교사도 실제 수업에서는 호기심이 왕성한 학생을 불편해했다는 보고도 있다.[7]

또 여러 기업을 조사한 다른 연구에서는, 직원들에게 '참신한 아이디어는 귀하다', '날마다 도전하자' 하고 응원하는 기업에서조차 실제로는 경영진이 부하의 새로운 제안에 떨떠름한 기색을 보였다고 한다.[8] 역시 인간은 태어날 때부터 미지의 체험을 꺼린다고 할 수 있겠다.

일상 행동 확인으로 반 창의성 편향에서 벗어나기

우리는 반 창의성 편향을 방치하면 결국 큰 기회를 놓친다는 것을 쉽게 상상할 수 있다.

복사기의 아버지라 불리는 체스터 칼슨(Chester Carlson)은 개발한 전자사진 기술을 팔고자 몇 번이나 시도했으나, '보통 용지에 서류를 복사하고 싶은 인간은 없다'는 말을 들었다. 그 후 5년 동안 20여 기업으로부터 투자를 거절당했다. 거절한 기업 중에는 IBM도 있었는데 당시 사장이었던 토머스 J. 왓슨 주니어(Thomas John Watson Jr.)는 가장 큰 물고기를 놓쳤다면서 후회했다고 한다.

또 천재 엔지니어 스티브 워즈니악(Steve Wozniak)이 휴렛팩커드에서 일할 때 직접 만든 컴퓨터를 다섯 차례나 무시당한 사례도 유명하다. 회사 임원진은 작은 컴퓨터 따위는 아무도 쓰지 않는다는 생각으로 워즈니악의 컴퓨터에 아무런 관심도 보이지 않았고, 워즈니악은 이 푸대접을 계기로 스티브 잡스와 공동으로 애플 컴퓨터를 설립하기에 이르렀다. 그 후 애플사가 얼마나 성장했는지는 설명할 필요도 없다. 반면에 휴렛팩커드는 선견지명이 없었다는 지적에서 여전히 자유롭지 못하다.

우리 일상에서도 IBM이나 휴렛팩커드와 비슷한 실수를 범할여지는 충분하다. 새로운 일을 했다는 뿌듯함에 젖어 있다가도 곰곰이 생각해보면 과거 체험의 재탕에 불과한 경우도 많을 것이다. 큰맘 먹고 호기심을 키우기 위해 도전해놓고 결국 과거와 같은 행동을 답습하는 건 무의미하다. 호기심이 왕성한 사람의 행동을 모방하는 일이 간단해 보이기는 해도 실제로는 상당히 어려운 작업이라 할 수 있다.

그래서 반 창의성 편향을 줄이기 위한 훈련법으로 '일상 행동체크'를 제안한다. 새로운 일을 하고 있는지, 모르는 사이에 과거 습관에 얽매여 있는지 확인하는 방법으로, 69쪽처럼 표를 만들어 실행한다.

액션 번호

60~62쪽에서 살펴본 호기심 액션 리스트 중 도전하고 싶은 항목을 골라 번호를 적는다.

일상 행동

선택한 호기심 액션 번호 옆에 평소에 하던 행동을 최소 3가지 적는다. 예를 들어 '좋아하는 식당에 가서 지금까지 먹은 적 없는 새로운 요리를 시도한다'라는 액션을 골랐다면, '여기에서는 우선 맥주를 마시고 물만두를 주문했지'라는 식으로 기억을 더듬으면서 해당 음식점에서 자주 주문하는 일상적인 메뉴를 적는다.

또 '간 적 없는 새로운 이벤트에 참여하기'와 같이 평소 행동이 아닌 액션을 고른 경우에는 새로운 이벤트라는 말을 듣는 순간 떠오른 활동을 3가지 생각한다. '이벤트라면 인상파 화가의 전시회나 영화 무대인사가 있지'라는 식으로 너무 진지하게 고민할 필요 없이 머릿속에 떠오르는 것을 적으면 된다.

새로운 행동

적어놓은 일상 행동을 보면서 새로운 행동을 생각한다. 평소에 하던 행동과 최대한 거리가 멀 것 같은 행동을 떠오른 대로 최소 3개씩 적는다.

액션번호	일상 행동	새로운 행동
7	두부면 주문하기	곤충 요리 주문하기
	칭다오 맥주 마시기	뱀술 마셔보기
	물만두 먹기	토끼 고기 먹어보기
3	OTT 사이트에서 추천작 감상하기	추천도 20%의 작품 보기
	사이트에서 Top 10작 보기	사이트에서 평가가 낮은 영화 보기
	무조건 폭발 장면이 많은 것을 보기	달짝지근한 연애물 보기
15	하이라이트 구간에 긍정적인 가사가 들어 있으면 좋다고 생각하기	소설이나 시에서 비슷한 구절이 없었는지 생각해보기
	전체적인 리듬이 좋다고 생각하기	비슷한 리듬으로 다른 좋아하는 음악이 있는지 생각하기
	후렴구에서 밝은 멜로디가 좋다고 생각하기	정반대의 어두운 멜로디로 좋아하는 곡이 있는지 생각하기
19	인생의 의미가 무엇인지 생각하기	내 성격은 어디에서 왔을지 생각하기
	안락사는 도덕적으로 허용될지 생각하기	내 죽음은 어떨지 생각하기
	철학적인 것은 생각해본 적 없다고 생각하기	1분이라도 철학적인 질문이 무엇인지 생각하기

아주 기초적인 훈련이지만, 이렇게 의식적으로 실천하기만 해도 반 창의성 편향의 함정에 빠질 확률은 급격하게 낮아진다.

전술한 대로 우리 뇌는 의식 한쪽에서 새로운 발상이나 정보를 받아들이기 어려워하고 그 사실을 알아차리기도 어렵다. 그러나 평소에 무심코 하던 행동이나 반사적으로 뇌리에 떠오르는 사고를 적어가다 보면 꿈틀거리는 편향을 무의식 밖으로 끄집어낼 수 있다. 그러면 자기 편향에 민감해지고 낡은 관습에서 벗어난 자유로운 발상이 가능해지는 것이다.

19세기 영국의 정치가 벤저민 디즈레일리(Benjamin Disraeli)도 말했듯, "새로운 행동은 반드시 행복을 가져오지 않지만, 새로운 행동이 없는 곳에 행복은 탄생하지 않는다"는 것을 명심하자.

행운을 얻기 위해서뿐 아니라 인생을 훨씬 즐겁게 보내기 위해서도 내면에 호기심을 장착해보기 바란다.

성공한 사람의 인간관계는 넓고 얕다

새로운 취미, 새로운 일, 새로운 집, 새로운 아이디어 등 호기심을 쏟아야 할 대상은 많다. 모두 열거하면 끝이 없지만, 그중 가장 중요한 것은 새로운 사람이다.

행운을 붙잡기 위해서는 인간관계를 빼놓을 수 없다는 것쯤 깊이 생각해보지 않아도 잘 알 것이다. 옛날 친구에게 뜻밖의 정보를 얻거나 모임에서의 낯선 만남이 새로운 일로 연결되는 등 예기치 못한 행운 대부분은 타인에게서 오기 때문이다.

니콜라 로메오(Nicola Romeo)라는 기술자의 사례를 보자.

이탈리아에서 태어난 로메오는 35세에 고향에서 기계 회사를 설립하려다가 자금이 부족해 포기했다. 그러던 어느 날 전차 옆자리에 앉은 영국인과 부담 없이 잡담을 시작했다가 그의 인생이 역전됐다. 옆자리 영국인은 기계 소재를 다루는 회사의 임원이었는데 대화를 나누던 중에 로메오가 실력 있는 기술자라는 사실을 알아차리고는 회사의 이탈리아 지점에 로메오를 채용한 것이다. 크게 기뻐하며 영국인 임원의 제안을 받아들인 로메오는 지점 경영에서 큰 실적을 올렸고, 머지않아 같은 계열의 제조회사를 사들이기 시작했다. 1915년에는 자동차 덕후가 운영하던 자동차회사를 매수한 후 사명을 알파 로메오로 변경했다.

물론 이렇게까지 드라마틱한 예는 드물지만, 타인과 행운의 관계는 연구 데이터에서도 찾아볼 수 있다.

1979년 콜로라도대학의 사회학자 캐서린 주프리(Katherine Giuffre)는 뉴욕에서 활약하는 사진가의 성공 요인을 조사했다.[9] [10]

뉴욕에는 수많은 사진가가 존재하지만, 커리어의 성공과 실패에 큰 차이가 난다. 겨우 입에 풀칠만 하는 사람이 있는가 하면,

일억 달러가 넘는 수입을 벌어들이는 성공한 사람도 적지 않다. 이런 성공 정도의 차이는 도대체 어디에서 생기는 걸까?

조사를 위해 주프리는 우선 국제 사진가협회에 등록된 회원명부를 보고 대형 갤러리와 거래하는 모든 사진가를 추렸다. 그 후 10년에 걸쳐 같은 명부를 조사하면서 모든 사진가가 어떤 커리어를 밟았는지 추적했다고 한다. 그러자 성공한 사진가와 그 외 사진가 사이에는 딱 한 가지 점에서 큰 차이가 발견되었다.

☑️ 성공한 사진가는 특정인과의 연결고리는 얕지만 다양한 사회 관계망을 가졌다.

☑️ 성공하지 못한 사진가는 특정인과의 연결고리는 깊지만, 사회 관계망에 다양성이 부족했다.

잘나가는 사진가는 다른 분야의 예술가나 해외 큐레이터 등과 다방면으로 교류하면서도 서로 깊은 우정을 쌓지 않고 어쩌다 파티에서 몇 마디 나눈 정도의 얕은 관계를 유지하고 있었다. 그러나 어정쩡한 사진가는 한정된 아티스트나 큐레이터와만 깊은 관계를 유지하면서 인간관계의 폭이 좁은 경향을 보였다.

연구팀의 코멘트를 인용하겠다.

"실력을 제대로 발휘하지 못하는 작가들의 작품이라고 해서 절대로 수준이 떨어지는 것은 아니며 높은 평가를 받은 작품도 많았다. 그러나 다양하게 인간관계를 구축한 사람들은 다른 부류의 중개인과 아는 사이고, (중략) 그것이 매우 분산된 사회적 네트워크를 형성했다."

다른 세계의 아티스트와 교류가 있으면 새로운 갤러리를 소개받을 확률이 높아지고, 다른 분야 경영인들과 교류하면 일하는 영역을 확장할 가능성도 커진다. 다양한 인물과의 만남이 늘어난 만큼 다른 공동체와의 연결고리가 생기고, 그 덕분에 좋은 우연이 흘러들어올 빈도도 높아지는 듯하다.

거꾸로 말하면 아무리 완성도 높은 작품을 만들었다고 해도 사회적 네트워크에 다양성이 없으면 그 성과는 널리 전파되지 못한다. 정보의 중간다리 역할을 할 인간이 없으므로 좁은 관계망 안에서만 똑같은 정보가 돌고 돌기 때문이다.

사회 관계망이 성공을 안겨주는 예는 예술 세계에 국한되지 않는다. 다양한 인재 교류는 비즈니스 성공으로도 이어진다.[11]

일례로, 미국의 506개 기업의 매출을 조사한 연구에서는 직원의 인종이나 젠더에 다양성이 있는 기업일수록 실적이 좋고 다양성이 높은 기업의 63%가 평균보다 상위 이익을 낸 데 비해, 다양성이 낮은 기업의 이익은 47%까지 떨어졌다.[12] 45개 기업에서 일하는 관리자들을 대상으로 진행한 조사에서도 다양한 인종이나 젠더, 직종의 종사자와 교류가 많을수록 혁신적인 프로젝트를 만들어낼 확률이 높다고 결론지었다.[13]

어느 사례에서건 폭넓은 사회 관계망이 좋은 우연을 불러들였기 때문이다.

인맥은 훈련으로 향상할 수 있는 기술이다

사회 관계망이 중요하다는 말을 듣고 낙담하는 사람도 있을 것이다.

새로운 사람과 만남이 없다.
교류하는 범위가 좁다.
소통이 어렵다.

인간관계가 중요하다고 해서 간단하게 개선할 수 있다면 괴로워할 일도 없다. 폭넓은 인간관계의 중요성은 알지만 익숙한 상대와 시간을 보내게 되는 경우는 적지 않을 것이다.

그러나 낙담할 필요는 없다. 콜로라도대학교의 연구 사례에서
도 보인 바와 같이 우리에게 필요한 것은 다양성이 있는 관계망
이다. 깊이 만나는 친구가 1,000명이나 있다고 해도 같은 취미나
닮은 사고, 지식수준이 비슷한 사람하고만 붙어 다니면 당신 세
계는 그 테두리를 벗어나지 못한다. 중요한 것은 어디까지나 깊
이보다 넓이가 있는 관계망이다.

소통 능력이 낮거나 새로운 만남을 갖기 어려운 사람도 걱정
할 필요 없다. 사회 관계망의 폭을 확장하는 능력은 연습을 통해
나아질 수 있는 기술이기 때문이다.

구체적으로는 여기에서도 '될 때까지 잘되는 척하자'라는 정
신이 도움이 된다. 우리의 뇌는 같은 행동을 반복함으로써 신경
패턴을 갱신해 타고난 성격을 어느 정도까지는 바꿀 수 있다. 사
회관계에서도 예외는 아니며, 지금 인간관계의 폭이 좁다면 소
통 능력이 높은 사람의 행동을 따라 하면 된다. 내향적인 사람이
완전한 사교가로 다시 태어나기는 불가능하지만, 사회 관계망이
넓은 사람의 사고와 행동을 꾸준히 시뮬레이션하면 당신의 뇌는
확실하게 변화한다.

사회성 액션 리스트를 자세하게 살펴보자.

	사회성 액션 리스트
1	자기 전에 낮에 경험한 긍정적인 소통을 돌아보고 그중에서 어떤 점이 좋았는지 생각하기
2	어떤 일에 기쁨을 느끼는지 모두 적어보기
3	자주 가는 가게의 계산대 직원에게 인사하기
4	캠퍼스나 동네에서 처음 보는 사람에게 웃으며 손 흔들기(상대가 손을 흔들어주지 않아도 신경 쓰지 않는다)
5	첫 대면인 사람에게 인사해보기
6	이벤트 관리 페이지에 들어가서 참여하고 싶은 이벤트를 한두 가지 찾아보기
7	'무슨 일을 하나요?'처럼 자주 듣는 질문의 간단한 답변을 사전에 몇 가지 생각해두기
8	누군가의 SNS 게시글에 긍정적 댓글 달기
9	자주 가는 가게 계산원에게 그날 기분을 물어보기
10	첫 대면인 사람에게 인사한 후 공통된 환경에 관해 이야기하기(날씨가 좋군요, 꽃이 예쁘네요, 지금 나오는 곡 좋아해요 등)
11	한동안 대화한 적 없는 친구에게 전화 걸기
12	참여하고 싶은 모임이나 동호회를 조사해 찾기
13	친구에게 커피 마시자고 하기
14	잘 아는 식당이나 바에 가서 직원과 이야기하기
15	첫 대면인 사람에게 물어보고 싶은 질문 정리해두기
16	그날 있었던 재미난 일화나 흥미로운 이야기를 하나 골라 간단한 문장으로 정리해보기

17	SNS 상태를 업데이트해서 긍정적이거나 재미난 체험 공유하기
18	새로운 사람에게 자신 소개하기
19	저녁 식사에 친구 초대하기
20	친구와 보낼 주말 계획 세우기
21	새로운 식당이나 바에 가서 직원과 이야기하기
22	사람이 모이는 식당이나 카페, 바 등에 가서 새로운 사람에게 인사하기
23	자원봉사 단체를 찾아 활동에 참여하기
24	클래스나 그룹 모임에서 손들고 질문에 답하거나 의견 말해보기
25	공원이나 캠퍼스에서 거리 농구, 거리 축구, 배드민턴 등을 하는 사람에게 같이 하자고 부탁하기
26	친구를 불러 게임을 하거나 티브이 시청하기. 또는 파티나 사교모임에 참여하기
27	친한 친구에게 마음 터놓고 오늘 일을 말하고 상대 의견 듣기
28	주변에서 일어난 재미난 이야기를 친구에게 들려주기
29	친구나 지인과 함께 사회적 이벤트에 동행하기(다른 사람이 계획한 것도 괜찮다)
30	친구나 지인에게 공연이나 영화, 쇼를 보러 가자고 하기
31	나의 취미 활동에 친구나 지인 부르기(예: 게임이나 운동 등)
32	의견을 물어오면 솔직하게 말하기(예: '어디에서 식사할까?', '이 주제에 대해 어떻게 생각해?' 등의 질문)
33	아무에게도 말한 적 없는 생각이나 의견을 리스트로 작성한 후 최소한 하나를 친구와 공유하기

34	처음 만나는 사람에게 적어도 두 가지 질문을 한 후 상대 말을 듣기(예: '무슨 일을 하나요?', '취미가 무엇인가요?' 등)
35	사람이 많이 모이는 장소에 가서 새로운 사람에게 말 걸기
36	시도해보고 싶은 새로운 식당이나 활동 리스트를 작성해 최소 한 가지에 도전하기
37	평소 집에서 편히 쉬는 시간대에 밖으로 나가 무언가 활동적인 일을 하기(예: 커피숍에 가기, 헬스장에 가기, 친구 만나기 등)
38	관심을 느낄 만한 적극적인 활동을 특정해 실제로 참여하러 가기
39	관심 있는 이벤트에 친구 데려가보기
40	흥미로운 클럽이나 동호회를 찾아내어 친구와 함께 참여해보기
41	새로운 친구에게 미래의 희망이나 꿈을 솔직하게 말하고 상대 말에도 귀 기울이기
42	동료, 동네 주민, 학급 친구에게 커피 마시자고 하기
43	식당, 커피숍, 바 등 사람이 모이는 곳에 가서 새로운 사람과 잡담하기. 세상 돌아가는 이야기 하기
44	친한 친구에게 지금 안고 있는 문제를 솔직하게 털어놓기
45	사교적인 활동을 솔선해서 기획하고 한 명 또는 다수의 친구를 부르기
46	친구와 함께 이벤트 기획하기(예: 게임, 영화, 식사). 새로운 사람을 만나 그 이벤트에 함께 참여하자고 권하기
47	동료, 주민, 학급 친구를 점심이나 저녁 식사에 초대하기
48	자원봉사에서 리더십 발휘하기. 사회적 이벤트를 기획하는 등 하고 싶은 일을 무엇이든 해보기
49	취미 살린 이벤트 기획하기(예: 사진, 영화, 게임 등)

이 사회성 액션 리스트의 활용 방법은 60~62쪽에 실린 호기심 액션 리스트와 같다. 마음에 드는 도전 항목을 골라 일주일에 1~4가지씩 실천해보자.

액션을 선택할 때의 요령이라면, 조금 저항감이 들어도 열심히 하면 될 것 같은 내용을 추려내는 것이다. 그렇다고 너무 힘든 것을 선택하면 금방 싫증나므로 주의해야 한다. 실천하는 기간은 한 달이 적당하다. 트레이닝을 시작하자마자 사회적 관계망이 넓어지는 것은 아니지만, 오래 이어갈수록 사교 기술은 확실히 향상된다.

단, 호기심 액션 리스트와 사회성 액션 리스트에는 빠지기 쉬운 함정이 있으므로 조심해야 한다. 함정이란, 리스트에 적힌 행동에 너무 집착하면 자신만의 개성적인 활동을 만드는 데 방해가 될 수도 있다는 점이다. 세상을 탐색하는 작업은 당신 자신이 '참신하다', '체험해보지 못했다'라고 진심으로 느끼는 행동의 종류를 하루하루 늘려가는 행위라고 앞서 말했다. 그런데 특정 행동에 얽매이면 주객이 전도되는 게 아니겠는가.

그 점에서 위의 두 액션 리스트는 어디까지나 호기심을 자극하기 위한 잠정적 가이드라인으로 사용해야 한다. 자전거 타는 법을 익혔는데 보조 바퀴를 달고 다녀보았자 쓸모가 없듯이 역할을 마친 기술에 고집스럽게 몰두해보았자 효과가 늘지 않는다. 두 가지 액션을 한 달 정도 훈련한 후 새로운 행동과 만남을 늘리는 재미를 실감했다면 리스트에 없는 활동을 스스로 창조하길 바란다.

'그냥 장난하고 있습니다'

마지막으로 꼭 필요한 주의사항을 일러두겠다. 처음 해보는 훈련이다 보니 거의 모든 사람이 도중에 불안감을 느낄 것이다.

이런 쓸데없는 지식을 모아봤자 어디에 써먹을까?
새로운 체험을 한다고 해서 훗날 도움이 될 것 같지 않다.
아무 목표도 없이 새로운 경험만 해도 될까?
무의미한 일에 시간을 낭비하는 것은 아닐까?

'모든 일에 호기심을 갖는다'는 말은 멋있게 들릴지도 모르지만, 실상은 인생 목표와 아무런 관계도 없을 것 같은 지식만 축적하면서 언제 써먹을지도 모를 체험의 산을 쌓아 올리는 일이다.

이런 과정이 반복되면 결국 자기 행동에 의문을 품는 게 당연할지도 모른다.

그러나 당신의 행동은 절대로 쓸데없지 않다. 위대한 발견 중에는 처음에 쓸데없다고 무시당한 행동의 축적으로 탄생한 것도 많음을 기억하자.

19세기에 활약한 독일의 천재 수학자 요한 카를 프리드리히 가우스(Johann Carl Friedrich Gauss)는 15세에 암호이론 기초가 되는 소수정리*를 추론했고 34세에는 물리나 화학 계산에 빼놓을 수 없는 복소평면**을 개발했다. 가우스는 당시에도 천재라 불린 인물이었으나, 생전에는 자신의 성과를 공개적으로 내놓지 못했고, 심지어 비유클리드 기하학*** 등의 업적은 죽은 후에야 그의 일기에서 발견되었다.

그도 그럴 것이, 가우스는 수학을 그다지 도움이 되는 지식이라고 생각하지 않았고, 미지의 문제를 풀어 아름다운 결론을 내는 것만을 최고 목표로 삼았기 때문이다. 가우스에게 수학은 어

---

* 자연수가 무한히 커질 때 그 안에 속한 소수의 근사치를 밝히는 정리. 불규칙하게 나열될 것 같은 소수도 일정한 규칙을 따른다는 것을 규명했다.

** 복소수(실수와 허수의 결합으로 이루어진 수)와 좌표평면의 점을 일대일로 대응시켜 그린 평면

*** 유클리드 기하학의 '직선 밖의 한 점을 지나면서 그 직선에 평행한 직선은 단 하나 존재한다'라는 공리가 굽은 공간(지구 등)에서는 성립하지 않는다는 것을 밝힌 기하학

디까지나 취미였으며 실제로 그가 선택한 직업은 수학자가 아니라 천문대 수장이었다.

독일 생물학자 파울 에를리히(Paul Ehrlich)의 에피소드도 유명하다.

학창 시절의 에를리히는 대학교 강의는 안중에도 없었고, 현미경을 들여다보며 책상 위에 가득 펼쳐진 무지개색 점들을 관찰한 기행으로 유명했다. 신기하게 여긴 교수가 늘 무엇을 하느냐고 물으면 에를리히는 "그냥 장난하고 있습니다"라고만 대답했다고 한다.

상대를 꽤 무시하는 대답이지만 그 후에도 에를리히는 같은 행동을 반복한 끝에 거기에서 떠오른 아이디어를 토대로 혈액 필름을 염색하는 방법을 개발했다. 이 발명은 이윽고 세균학이라는 새로운 학문의 탄생으로 이어졌다.

두말할 필요도 없이 에를리히는 쓸모가 있는 지식을 추구한 게 아니다. 단지 호기심이 시키는 대로 꼼지락거렸는데 그것이 위대한 발견으로 이어졌을 뿐이다.[14]

가우스나 에를리히처럼 위대한 발견에는 못 미치더라도 쓸데 없다고 여겨지던 지식이나 경험이 나중에 도움이 되는 사례는 우리 주변에서도 자주 볼 수 있다. 취미 덕분에 고객과의 대화가

풍성해지고 학생 때 배운 제2외국어를 일에 써먹는 등 처음에는 도움이 되지 않는다고 느낀 일들이 우연한 계기로 뜻밖의 성과를 만드는 일은 흔하다.

물리학자인 스티븐 호킹(Stephen William Hawking)은 과거에 몇 번이나 위대한 발견이 가능했던 이유가 무엇이냐는 질문에 이렇게 대답했다.

"나는 자라지 않는 아이일 뿐이다. 나는 아직도 어떻게, 왜를 계속 질문하고 있고 가끔 답을 확인한다."

유익한 답을 찾지 못해도 상관없다. 끊임없이 아이처럼 호기심을 간직한 채 어쩌다 옳은 답을 발견하면 되는 것이다.

2장

공략 힌트 알아채기

행운 = (행동 × 다양 + **인지**) × 회복

천 달러 주면
힌트 하나를 줄 건데, 살래?

'MOTHER*' 중에서

* 일본의 만능 엔터테이너이자 사업가인 이토이 시게사토(糸井重里)가 기획부터 시나리오 작성, 전체를 감독한 롤 플레잉 게임

학생들은 돈이 열리는 나무를 발견하지 못했다

"가끔 답을 확인한다."

스티븐 호킹이 남긴 이 대사가 1장의 맺음말이었다. 호기심이라는 특기를 이용해 좋은 우연이 찾아올 확률을 높이는 것이 운을 붙잡기 위한 첫 번째 단계다. '행동×다양'의 총량이 늘어날수록 뜻밖의 우연도 들어오기 쉬워진다.

그런데 이것만으로는 운의 공식을 제대로 활용하는 데 역부족이다. 행동의 양과 질을 늘리면 반가운 우연을 만날 가능성은 커지지만, 그것만으로는 총량이 늘지 않기 때문이다.

몇 가지 예를 살펴보자.

1928년 영국의 세균학자 알렉산더 플레밍(Alexander Fleming)은 포도상구균을 배양 중이던 페트리 접시(샬레)에 푸른곰팡이가 핀 것을 발견했다. 이것은 세균학자로서는 초보적인 실수라서 보통은 당장 실험을 멈추고 새로 시작해야 했을 것이다.

그러나 플레밍은 달랐다. 문제의 페트리 접시를 본 직후 푸른 곰팡이 주위에서만 포도상구균이 번식하지 않은 것을 신기하게 여긴 플레밍은 연구를 그대로 진행했고, 이윽고 곰팡이가 만들어내는 화학물질을 이용해 항생물질을 개발했다. 만일 플레밍이 페트리 접시 안에서 일어난 변화를 눈치채지 못했다면 이 정도의 성공은 기대하지 못했을 것이다.

군수산업 기술자였던 퍼시 스펜서(Percy LeBaron Spencer)는 1945년에 군사용 레이더 실험 중 주머니에 넣어두었던 초콜릿이 녹은 것을 발견했다. 이것을 토대로 마이크로파로 열을 만드는 장치를 고안했고, 2년 후에는 현재도 사용하는 전자레인지 형태를 완성했다.

이 발명에 스펜서의 인지력이 도움이 된 것은 말할 것도 없다. 레이더로 초콜릿이 녹았다는 돌발상황에 단지 과자를 못 먹게 되어버렸다고만 생각했다면 전자레인지는 세상에 나오지 못했을 것이다.

우리 주변에도 같은 사례는 얼마든지 있다. 복권에 당첨되었는데 당첨 이메일을 놓치거나 친구에게 도움이 될 만한 조언을 들었는데 깜박하기도 하고, 인터넷으로 업무에 도움될 만한 정보를 찾았는데도 지나치는 등 살면서 생긴 좋은 우연을 깨닫지 못하는 경우가 수없이 존재한다.

새로운 경험과 인지를 아무리 쌓아도 주변에 일어난 좋은 우연을 붙잡지 못하면 의미가 없다. 그 우연을 자꾸만 지나치면 세상을 탐색한들 성과를 얻기 힘들다.

RPG에 비유하자면 마을주민이 흘린 대사에 감춰진 중요한 단서나 괴물 소굴의 비밀통로에 놓인 보석함을 발견하지 못하는 것과 같다. 아무리 월드 맵을 탐색해도 눈앞에 나타난 공략 힌트를 알아채지 못하면 임무 완수는 불가능하다.

그래서 2장에서 중점적으로 다루고자 하는 내용이 운의 공식 중 '인지' 기술이다. 당신 주변에서 일어난 작은 변화에 민감하게 반응하는 기술을 말하는 것으로, 운을 붙잡는 능력을 끌어올리기 위해서 꼭 필요한 기술이다.

이와 관련해 미국 웨스턴워싱턴대학교에서 흥미진진한 조사를 진행했다.[1] 연구팀은 다음 순서로 실험했다.

❶ 키가 작은 낙엽수 가지에 1달러짜리 지폐 석 장을 끼운다.

❷ 나무 아래를 지나가는 학생이 지폐를 발견하는지 조사한다.

1달러짜리 지폐가 매달린 나뭇가지 높이는 지면에서 175cm 정도이므로 작정하고 한눈팔지 않는 이상 지폐가 보인다. 즉 시야에 반드시 지폐가 들어오도록 상황을 연출한 후에 학생들이 '돈이 열리는 나무'를 인식하는지 확인한 것이다.

실험을 진행하기 전에 연구팀은 거의 모든 학생이 지폐를 발견할 것이라고 예상했다. 스마트폰을 보면서 걷는 게 당연한 시대라지만, 눈앞에 대롱거리는 지폐를 놓치는 자가 있을 줄은 상상도 못했다.

그러나 현실은 예상과 정반대였다. 지폐를 발견한 학생은 겨우 19%였고, 스마트폰을 보면서 걸은 학생 경우에는 지폐 발견 확률이 6%로까지 떨어졌다. 80% 이상의 참가자가 나무에 매달린 지폐를 눈앞에 두고도 이상함을 눈치채지 못하고 돈이 열리는 나무를 지나친 것이다.

'나라면 절대로 지나치지 않았을 텐데'라고 생각하는 사람도 있겠지만, 현실적으로 그리 쉽지 않다. 이렇듯 마땅히 시야에 들어오는 것을 발견하지 못하는 현상은 1990년대부터 여러 차례 확인된 심리구조로, 이런 심리는 '무주의 맹시(부주의 맹시, Inattentional blindness)'라고 불린다.[2]

우리 뇌는 컴퓨터 운영체제를 주입한 것과 같은 체계라서 이 심리에서 벗어나기는 상당히 어렵다. 즉 우리 안에 무주의 맹시라는 심리가 박혀 있는 이유는 뇌의 처리능력에 한계가 있기 때문이다. 인간의 뇌는 주변 경치, 소리, 냄새 등의 데이터를 수시로 받아들여서 이것이 도움이 되는 정보인지 판단한다. 이 기능이 없다면 우리는 새로운 정보의 존재를 알아차리지 못한다.

그러나 뇌의 작용은 어디까지나 물리적인 기능이므로 한 번에 처리할 수 있는 정보량에는 한계가 있다. 뇌가 1초마다 스캔할 수 있는 대상의 수는 평균 30~40개 정도에 불과한데도 외부로부터 들어오는 자극을 모조리 처리한다면 신경계는 과부하로 끊겨버릴 것이다.

이런 문제를 막기 위해 인간의 뇌는 불필요한 데이터를 차례차례 버리도록 진화했다. 우리가 돈 버는 나무를 발견하지 못하는 이유는, 지폐 정보가 눈으로 들어와도 나무에 돈이 열릴 리가 없다고 판단한 뇌가 바로 데이터를 삭제하기 때문이다.

다시 말해, 무주의 맹시는 우리를 정보 과다로부터 보호하는 중요한 시스템이지만, 동시에 우리를 운에서 멀어지게 하는 부작용도 초래한다. 모처럼 세상을 탐색했는데 눈앞에 출현한 돈이 열리는 나무를 알아채지 못하면 의미가 없지 않은가. 운의 공식에서 인지력을 중요하게 인식하는 까닭이다.

성공률이 가장 높은 영업사원의 비밀

2장에서는 인지력을 높이고 주변에서 일어난 좋은 우연을 붙잡기 위해 다음 3가지 훈련법을 준비했다.

❶ 질문 매트릭스: 평소 놓치는 일에 집중하는 횟수를 늘린다.

❷ 시야 확대 액션: 스스로 안심하도록 해서 시야를 넓힌다.

❸ 지적 겸손 훈련: 자기 한계를 알고 폭넓은 사고를 얻는다.

3가지 훈련법 모두 인지력을 높여주지만, 어느 하나만 시도해도 당신이 운을 붙잡을 확률은 높아질 것이다. 모든 항목을 실천할 필요는 없으므로 재미있어 보이는 것부터 도전해보자. 구체적인 훈련법을 전하기 전에 우선 간단한 퀴즈를 풀어보자.

아래 위대한 인물들이 남긴 명언 중 'ㅇㅇ' 부분에 공통으로 들어갈 단어는 무엇일까?

> 📝 소크라테스 - "자신에게나 타인에게나 모든 것을 ○○하는 것
> 이야말로 인간의 가장 경이로운 점이다."
> 📝 아인슈타인 - "중요한 것은 ○○을 멈추지 않는 것이다."
> 📝 볼테르 - "사람은 그가 하는 대답이 아닌 ○○으로 판단하라."

정답은 '질문'이다.

고대 그리스의 철학자 소크라테스, 상대성이론을 탄생시킨 아
인슈타인, 계몽주의를 대표하는 역사가 볼테르. 인류 역사에 이
름을 남긴 세 천재는 모두 질문의 중요성을 주장했고 죽을 때까
지 질문을 던졌다.

그 밖에도 질문을 응원한 대표적인 위인들이라면, 현대 경영
학의 아버지 피터 드러커(Peter Ferdinand Drucker)는 "중요한 것은
옳은 답을 찾는 게 아니라 옳은 질문을 찾는 것이다"라고 단언했
다. 이론물리학자 에드워드 위튼(Edward Witten)도 "나는 늘 답을
찾는 의미가 있을 정도로 어려우면서도 대답할 수 있을 정도로
쉬운 질문을 찾는다"는 말을 남겼다.

질문의 중요성에 관해 연구한 데이터도 많은데, 그중에서도

대표적인 예가 마인드셋 연구로 유명한 캐럴 드웩(Carol Dweck) 팀의 조사다.[3]

드웩 연구팀은 남녀 864명을 모아 전원에게 '평소에 얼마나 질문하면서 생활하는가?'를 물었다. 이를테면 일이 잘 풀리지 않을 때 '내가 무엇을 할 수 있을까?', '더 잘하는 방법이 뭘까?'라고 자문하거나, 학습에 진전이 없다고 느낄 때 '좀 더 나은 방법이 있을까?', '앞으로 나아가기 위해 무엇을 할 수 있을까?'와 같은 질문을 던지는 등 일상에서 의식적으로 자문자답하는지를 물은 것이다.

그 결과, 인생의 크고 작은 상황에서 질문의 장점이 증명되었다. 평소에 자문을 반복하는 사람일수록 대학교에서 평균 평점 (Grade point average=GPA)이 높았고, 학습, 건강, 저축 등의 목표 달성률 또한 높았으며, 실험실에서 진행된 인지 테스트 결과도 올라갔다.

특히 재미있는 점은, 이 결과들이 참가자가 떠올린 해결책의 질이나 양과는 거리가 멀었다는 점이다. 쉽게 말해, 품었던 의문에 옳은 답을 내놓느냐는 그다지 중요하지 않고 눈앞의 일에 어떤 방식으로든 의문을 품은 것만으로 성과가 개선된다는 장점을 얻을 수 있는 것이다.

비즈니스 분야에서도 역시 질문의 효과가 보고되고 있다. 인 공지능 연구로 유명한 대화 분석 솔루션 기업 공닷아이오(Gong. io)에서 진행한 조사를 보자.[4] 이 회사의 연구원인 크리스 올로브 (Chris Orlob)는 여러 기업의 협력을 얻어 각 사의 영업사원이 고객 과 상담한 내용을 녹음했다. 51만 9천 건의 데이터를 문자로 바 꾼 후 기계학습*을 거쳐 최상위 영업사원은 어떤 점이 탁월한지 조사했다.

그 결과, 그들은 성적이 저조한 영업사원보다 질문을 많이 했 다고 한다. 성공률이 46%에 불과한 영업사원은 한 번 상담할 때 질문의 수가 1~6가지였던 데 반해 실적이 높은 영업사원의 질 문 수는 한 번에 11~14가지였고 성공률은 74%에 달했다.

둘 사이에 이렇게까지 차이가 두드러진 이유는 양질의 질문에 는 메타인지를 자극하는 효과가 있기 때문이다. 메타인지는 우 리에게 한 단계 위의 시점을 가져다주는 뇌 구조로, 프레젠테이 션 발표 중에 '말하는 속도가 너무 빠르네'라고 깨닫거나, 요리할 때 '뿌리채소를 먼저 삶아야 시간을 단축할 수 있어'라는 생각이 드는 등 자기 행동을 한 단계 위에서 판단하는 것이다. 이때 뇌에

---

* 사람이 정의한 데이터를 토대로 컴퓨터가 규칙을 학습해서 문제를 해결하는 인공지 능 연구 분야. 데이터에서 직접 특징을 추출해 학습하는 딥러닝과 구별된다.

서 메타인지가 작동한다고 한다. 만일 메타인지가 없다면 발표하는 도중에 고객의 반응이 싸늘해져도 인지하지 못하거나, 몇 년이 걸려도 요리 실력이 나아지지 않을 것이다. 한 걸음 물러나서 숲을 볼 줄 아는 능력, 세상의 작은 변화를 알아차리는 능력이 상실되기 때문이다.

그러나 메타인지가 작동하면 우리 행동은 크게 달라진다.

만일 당신이 프레젠테이션을 준비하는 상황에서 평소와 같은 방식으로 반복해서 연습한다면 분명 일정 수준까지는 발표 실력이 향상될 것이다. 그러나 이 시점에서 '좀 더 요점을 추려서 전할 수 있을까?', '다른 좋은 정보는 없을까?', '그래프를 다른 방식으로 표현할 수 있을까?' 등의 질문을 던져본다면 더욱 나은 해결책을 찾지 못한다고 해도 유념해야 할 지점을 찾아내기는 쉬워진다. 그렇게 되면 말의 속도를 올리거나 다른 방에서 연습해보는 등 여러 개선책을 시도할 수 있을 것이다.

일상에서 늘 질문하는 사람은 꾸준히 이런 과정을 통해 조금씩 성과를 올린다.

꼬리를 무는 질문이 인지력을 키운다

질문의 힘을 빌려 인지력을 높이려면 '질문 매트릭스'(98~99쪽)를 반드시 응용하길 바란다. 캘리포니아대학교의 교육학 연구팀에서 개발한 질문 매트릭스는 우리가 일상적으로 사용하는 질문 패턴을 36종류로 정리한 훈련법이다.[5]

그 효과를 입증한 데이터도 풍부한데, 질문 매트릭스를 통해 훈련한 학생은 모두 메타인지를 활용하는 능력이 향상되었으며, 독자적으로 만드는 질문의 양이 늘었고, 실제로 학교 성적도 향상되었다고 한다.[6] 메타인지를 단련해서 넓은 시야를 확보하고 싶다면 무엇보다 먼저 사용해야 할 기술이다.

질문 매트릭스에는 여러 버전이 존재하지만, 여기에서는 심리학자인 스펜서 캐간(Spencer Kagan)이 만든 원안을 토대로 메타인지를 더욱 자극하기 쉽도록 필자가 일부 수정한 것을 설명하겠다.[7]

표를 보는 방법부터 설명하자면, 질문 매트릭스는 6×6의 블록으로 구성되고 각각에 특정 질문이 적혀 있다. 질문 난이도에 따라 전체를 4구역으로 나누었으며, 이를 색의 짙고 옅음으로 구분지었다.

입문자가 도전하기 쉬운 부분은 레벨 1 영역으로, 여기에는 '무엇?' '왜?'와 같은 단순한 질문이 들어간다.

예를 들어 하늘이라는 주제에 대해 레벨 1 방식으로 생각하면 '하늘에는 무슨 색이 있을까?', '지금 하늘은 과거의 하늘과 무엇이 다른가?'와 같은 질문이 떠오를 것이다. 이 질문은 답이 간단해서 '하늘의 색은 파랑과 적색 등이다', '과거에는 하늘에 대기오염이 없었다'와 같이 사실관계만 알면 답을 낼 수 있다. 단순한 질문이 나쁜 것은 아니지만 이 물음들에는 깊은 사고를 끌어내는 힘이 없다.

반면 레벨 2~4의 질문 패턴은 분석력과 창의력이 필요한 좀 더 고차원적인 질문을 유도한다.

가령, 똑같이 하늘을 주제로 20번 블록에 해당하는 '언제 어디에서+예측' 조합으로 어떤 질문을 만들 수 있을까? 아마도 '하늘은 어디부터 파랗게 될까?', '다른 별의 하늘은 어떻게 생겼을까?' 등의 질문을 떠올릴 수 있을 것이다. 이 질문들은 단순히 사실만 알아서는 답을 달기 힘들 것이다. 답을 내기 위해서는 '바다의 파랑과 하늘의 파랑이 같을까? 밤에는 파랗지 않으니 태양 광선과 관계가 있을지도 몰라', '달 표면 영상에는 하늘이 없으니 행성 지표에서 위를 보아도 우주밖에 보이지 않을까? 다른 행성에도 땅

질문 매트릭스			
	무엇?	언제 어디에서?	어느 것?
현재	1 • ~은 무엇인가? • ~의 의미는 무엇일까? • ~와 ~의 차이는 무엇일까?	2 • 언제일까? • 어디일까?	3 • ~은 어느 것인가? • ~은 어느 것으로 할까? • ~의 장점 및 단점은 어떤가?
과거	7 • 무엇을 했는가? • ~은 무엇이었는가? • 옛날에는 어땠는가?	8 • 언제였을까? • 어디였을까?	9 • ~은 어느 것이었나? • ~은 어느 것으로 했나? • ~의 장점 및 단점은 어땠나?
가능성	13 • 무엇을 할 수 있을까? • ~에 대해 최선은 무엇 일까?	14 • 언제 할 수 있을까? • 어디에서 할 수 있을까?	15 • 어느 것이 가능할까? • 다른 가능성은 없을까?
예측	19 • 무엇이 있을 수 있나? • ~을 해결할 방법으로 달리 무엇이 있을까? • ~은 ~에 무슨 결과를 가져올까?	20 • 언제 있을 수 있나? • 어디에서 있을 수 있나?	21 • 어느 것이라면 있을 수 있을까? • 다른 것을 선택한다면 어떻게 될까?
의도	25 • 무엇을 하고 싶은가? • ~의 의미는 무엇인가? • ~에 대해 잘 아는 것과 모르는 것은 무엇일까?	26 • 언제 하고 싶은가? • 어디에서 하고 싶은가? • 시간과 장소에 대해 어떻게 하고 싶은가?	27 • 어느 쪽을 선택하고 싶은가?
상상	31 • 만일 ~가 된다면 무슨 일이 일어날까? • ~와 ~을 비교하면 어떻게 될까?	32 • 만일 시간과 장소가 ~이었다면 어떻게 되었 을까?	33 • 만일 ~을 선택하면 어떻게 될까?

누구?	왜?	어떻게?
4 • 누가 할까? • 누가 하는 중일까? • 누구로 하고 있을까?	5 • 왜 그런가? • ~가 중요한 것은 왜인가?	6 • 어떻게 그렇게 되는가? • 어떤 구조일까? • ~와 ~는 어떻게 닮았나?
10 • 누가 했을까? • 누구로 했을까?	11 • 왜 그렇게 되었나? • ~가 중요했던 건 왜일까?	12 • 어떻게 그렇게 되었는가? • 어떤 구조였을까?
16 • 누가 가능할까? • 누가 가능했을까?	17 • 왜 가능할까? • 왜 가능했을까? • ~가 최선일 수도 있는 이유는 무얼까?	18 • 어떻게 가능한가? • 어떻게 가능했는가?

22
• 누구라면 있을 수 있나?
• 누구라면 있을 수 있었나?
	23
	• 왜 그럴 수 있을까?
	• 왜 그럴 수 있었나?
		24
		• 다른 방법을 쓰면 어떻게
		  될까?
		• ~는 전에 배운 것이나 학습한
		  것과 어떻게 연관되었나?

28
• 누가 하고 싶은가?
• ~을 누구와 연관시키고
  싶은가?
	29
	• ~이 하고 싶은 이유는
	  뭔가?
		30
		• ~을 어떻게 하고 싶은가?
		• ~위해서 ~을 어떻게
		  사용할 수 있을까?

34
• 만일 (사람 이름)이
  관련되면 어떻게 될까?
	35
	• 만일 ~가 원인이라면
	  어떻게 될까?
	• ~에 찬성할까, 반대할까?
		36
		• 만일 다른 수단을 쓴다면
		  어떻게 될까?
		• 만일 ~가 바뀌면 어떻게
		  될까?

표면이 존재할까?' 등의 심도 있는 사고와 추론을 거듭해야 한다.

이와 같은 훈련을 통해 인지력을 키울 수 있는 이유는, 고차원적인 질문에는 질문이 꼬리를 물고 이어지는 특성이 있기 때문이다.

앞에서 살펴본 '하늘은 어디부터 파랗게 될까?'라는 질문의 답을 인터넷에서 조사해보자. 그러면 하늘이 파란 이유는 태양광이 지구 대기를 통과하면서 사방으로 퍼질 때 푸른 빛이 다른 색 빛보다 훨씬 많이 퍼지기 때문임을 알게 된다. 이것만으로도 충분히 이해할 만한 답이지만, 이 답에 질문 매트릭스를 한 번 더 적용한다면 어떤 질문들이 탄생할까?

'빛에 따라 퍼지는 방식이 다른 이유는?'

'빛의 분자는 어떻게 흩어지나?'

'태양이 붉게 보이는 건 왜일까?'

최초의 의문을 토대로 더욱 깊은 질문이 몇 가지나 만들어졌다. 이런 '질문의 연쇄 작용'이야말로 고차원적인 질문을 통해 얻을 수 있는 최대 이점이다.

훈련을 이어가는 도중에 우리 내면에는 두 가지 관점이 자란다.

❶ 세상을 한 단계 위에서 바라보는 관점

❷ 세상에 관심을 보이는 관점

첫 번째 관점은 메타인지에 따른 시야의 확대다. 이미 확인한 대로 메타인지가 강화된 사람은 모든 것을 한 단계 위에서 바라보면서 전체를 한 번에 부감할 수 있다. 즉 메타인지로 얻을 수 있는 관점의 확대는 상공에서 먹이를 노리는 매에 비유할 수 있다. 땅 위를 아슬아슬하게 날며 먹이를 찾기보다는 벗어난 위치에서 전체를 내려다볼수록 변화를 알아차리기 쉽다.

두 번째로 중요한 관점은 질문의 연쇄로 인해 높아지는 관심도다. 하나의 질문에서 다른 질문을 만들어내는 현상은 우리 안에서 세상을 향한 관심이 발동하게 하고 주위의 작은 변화에 주목하게 하는 효과를 준다. 추리소설에서도 상관없는 의문들이 순서대로 나열되기보다는 의문이 의문을 낳는 전개가 흥미롭지 않은가. 마찬가지로 질문이 질문을 만들어내는 체험을 지속하다 보면 뇌는 주변의 작은 변화에 더욱 잘 집중하게 되고 그만큼 우리의 인지력도 높아진다.

질문 매트릭스 활용법

질문 매트릭스를 이용할 때는 표에서 마음에 드는 질문을 선택해도 되지만, 익숙해질 때까지 다음 단계를 따르면 효과적이다.

1단계: 주제 선정

우선 질문 매트릭스를 사용할 소재를 고르자. 36가지 패턴의 질문은 다양한 주제를 다룰 수 있으므로 영어, 개, 힙합, 공포영화, 직장 상사 등 어떤 주제를 선택하건 문제없다.

만일 특정 주제를 정하기 어렵다면, 흥미는 있지만 약간 다루기 힘든 주제를 골라보자. '통계를 공부해보고 싶지만 어려울 것 같아.' 또는 '웹 드라마를 보고 싶은데 시간이 없어'라는 식으로, 호기심은 생기는데 사정이 있어 적극적으로 실천하지 못하던 것을 고르는 것이다.

그런 주제조차 떠오르지 않을 때는 하루에 5분이라도 질문 매트릭스를 써보겠다는 의지를 담아, 그날 신경 쓰인 사건 중에서 아무 질문이든 만들어보는 것도 괜찮은 방법이다. 혹시 세금에 관한 뉴스를 접했다면 '만일 소비세가 존재하지 않았다면?' 하고 생각해보거나, 친구와 보드게임 이야기를 나누었다면 '이 게임에 빠져드는 사람과 관심 없는 사람의 차이는?'처럼 조금이라도 흥미를 보인 토픽이 있다면 무엇을 골라도 상관없다. 하루에 5분이라도 좋으니 일상에서 질문을 습관화하자.

2단계: 질문 만들기

주제를 정했다면 실제로 질문을 만든다. 이 역시 36가지 질문 패턴 중에서 마음대로 골라도 좋으나, 질문 매트릭스 트레이닝에 익숙해진 후에는 레벨 2~4에 있는 질문 패턴을 늘려가자.

레벨 1의 질문이 불필요한 것은 아니지만 언제까지고 같은 영역에 머물러 있으면 메타인지가 성장하지 못한다. 그러니 가능한 한 낮은 수준과 높은 수준의 질문을 섞어서 질문을 만들도록 하자.

마음에 드는 질문 패턴을 고르지 못하겠다면 아래 3가지 질문을 먼저 시도해보자.

☑️ 24번 패턴 '~는 전에 배운 것이나 학습한 것과 어떻게 연관되었나?'

☑️ 25번 패턴 '~에 대해 잘 아는 것과 모르는 것은 무엇일까?'

☑️ 31번 패턴 '~와 ~을 비교하면 어떻게 될까?'

여러 패턴 중에서도 위의 세 질문은 특히 메타인지를 자극하기 쉽다. 질문 선택이 어렵다면 응용해보기 바란다.

3단계: 해답

마지막으로 질문의 답을 생각하자. 답을 찾는 방식은 정해지지 않았으며 인터넷에서 검색해도 좋고 누군가에게 물어보아도 좋으니 마음에 드는 방식을 쓰면 된다.

중요한 점은 절대로 옳은 답을 찾을 필요는 없다는 것이다. 2단계에서 당신만의 질문을 만든 시점에 이미 트레이닝의 목적은 절반쯤 달성되었다. 답을 구하는 것은 덤이라고 생각하고 질문을 만든 단계에 만족하자.

질문 매트릭스 사용법은 이상이지만, 이 훈련 과정을 반복하면 당신 안에 중요한 변화가 일어난다. 질문에 질문을 거듭하는 사이에 질문 패턴이 뇌에 정착되어 일상에서 접한 사소한 일에도 반사적으로 수많은 질문이 떠오를 것이다.

☑️ 어째서 녹으면 늘어나는 치즈와 녹지 않는 치즈가 있을까?

☑️ 일본 이름 '미나모토노 요리토모', '후지와라노 미치나가'는 성과 이름 사이에 어째서 '노'가 들어갈까?

☑️ '엎친 데 덮친'이라는 표현은 가해자 시점이 아닐까?

모두 소소한 궁금증이기는 하지만, 이런 일상적인 물음의 반복을 통해 우리의 인지력은 점점 길러진다. 마침내 운을 붙잡을 가능성도 커지는 것이다.

그 사람에게는 왜 자꾸 불운만 찾아올까?

세상에는 신기하게도 운이 안 좋은 사람이 있다. 길을 걷는데 새똥이 머리에 떨어지거나 여행지에 비가 내리고 직장에서는 불편한 상대와 한 조가 되기도 하며 유명 매장에서 줄을 섰더니 바로 앞에서 완판되기도 한다.

'인생의 화복은 꼬아놓은 새끼줄 같다'*라고는 하지만, 분명 자신은 남보다 운이 나쁘다고 느끼는 사람이 적지 않을 것이다.

이런 현상은 과연 당사자의 착각에 지나지 않을까? 아니면 특정인에게만 불운이 집중되는 메커니즘이라도 존재하는 걸까?

이 문제에 대해 중국 과학원의 연구팀이 흥미로운 실험을 했다.[8]

연구팀에서는 사전에 참가자에게 교통사고를 일으킨 적이 있

---

* 재앙이 있으면 복이 있고 복이 있으면 재앙도 있다는 뜻

는지 물어본 후 실험 당일 모두에게 사진 여러 장을 보여주면서 뇌파의 반응 속도를 조사했다. 사용한 사진은 총 80장이며, 긍정적인 느낌(기뻐하는 사람들 등), 부정적인 느낌(울며 소리 지르는 어린이 등), 중립적인 느낌(마을 풍경 등)의 3가지 감정으로 분류했다.

연구팀은 이 실험을 통해 과거에 인신사고처럼 큰 사고를 일으킨 사람일수록 비관적인 정보에 반응하기 쉽다는 사실을 알았다. 사고가 적은 운전자는 긍정적인 사진과 부정적인 사진 양쪽에 동등하게 주목한 데 반해, 사고가 많은 사람은 비참한 영상에 오래 의식을 집중했다고 한다. 이는 사고가 많은 운전자일수록 부정적인 정보에 민감했다는 뜻이다.

이상하다고 생각한 사람도 있을 것이다. 차를 안전하게 운전하기 위해서는 부정적인 정보에 적극적으로 집중해야 한다. 차도에 뛰어들 것 같은 꼬마나 갓길을 갈지자로 주행하는 자전거를 보지 못하면 사고 확률이 높아지는 것은 분명하다. 그런데도 부정적인 정보에 대한 반응이 큰 사람일수록 사고가 많은 이유는 어디에 있을까?

그 답은, 부정적인 정보에 의식이 쏠리기 쉬운 사람일수록 시야가 좁아지기 때문이다.

가령, 운전하던 중 반대쪽 차선에 속도를 위반한 차가 나타나더니 굉장한 속도로 스쳐 지났다고 하자. 이런 상황에서 우수운전자는 위험했다는 생각은 들지만, 곧바로 눈앞의 도로에 다시 집중한다. 그러나 사고가 많은 운전자는 속도를 위반한 차량에 대한 정보가 머릿속에 계속 남아서 쉽게 주의를 전환하지 못하는 것이다.

이런 현상을 전문 용어로 '부정성 효과(negativity effect)'라고 한다. 긍정적인 정보보다 부정적인 정보에 관심이 쏠리는 심리를 말하는데, 이런 경향이 강한 사람은 인생의 어두운 면만 염려하기 때문에 시야가 좁아지는 것이다.

부정성 효과와 교통사고의 관계는 여러 차례 검증되었는데, 아일랜드 국립대학교 등의 보고에서는 이런 심리 경향이 강한 사람일수록 쓸데없는 일에 정신을 빼앗겨 역시 중대한 사고를 일으키기 쉬웠다고 한다.[9] 영국 더오픈대학교의 실험에서도 같은 결과가 나왔으니, 부정성 효과에 사로잡힌 사람은 한 번에 한 가지 일에만 집중할 수 있으며 눈앞의 중요한 정보를 놓칠 가능성이 컸다.[10]

문제는, 이러한 마이너스 체험이 쌓이면 더욱 불운을 부른다는 점이다. 일단 불행하다는 인상이 뇌에 자리 잡으면 온갖 상황에서 부정성 효과가 발동하기 시작한다.

☑ 새로운 운동에 관심이 있지만 해보았자 실력이 형편없을 것이라고 스스로 생각한다.

☑ 낯선 사람들 모임에 참가했으나 타인의 발언에 거슬리는 부분이 일일이 신경 쓰인다.

☑ 취미 행사에 관심이 있지만 안 좋은 일이 일어날 것 같으니 집에 있자.

사사건건 불행의 이미지가 머릿속에 떠오르면 그때마다 당신의 인지력이 낮아지는 것은 물론 인생의 새로운 가능성에도 스스로 빗장을 걸게 된다. 그러면 운의 총량이 늘어날 리 없다.

시야 확대 액션 리스트로 넓은 시야를 유지하자

부정성 효과의 함정에서 벗어나 넓은 시야를 유지하기 위해 유용한 훈련법이 바로 '시야 확대 액션 리스트'(110~113쪽)이다. 1장의 호기심 액션 리스트(60~62쪽)와 마찬가지로 50종류의 행동을 적어놓은 리스트인데, 부정성 효과를 누그러트리기 위해 개발되었다.

서던메소디스트대학교에서 진행한 실험에서, 50가지 액션을 실천한 참가자는 4주 만에 뜻깊은 성장을 보였다. 전체적으로 부정적 감정을 체험하는 횟수가 줄고 신경질적인 사람은 유순해졌으며 화를 잘 내는 사람에게는 여유가 생겨 긍정적인 기분이 확장된 것이다.

14~15쪽의 행운 스킬 진단에서 인지력 점수가 낮았다면 처음에 시야 확대 액션 과정부터 시작해도 좋다.

리스트 사용법은 호기심 액션 리스트와 같으며 우선 모든 액션을 읽은 후, 할 수 있을 것 같은 항목을 골라 일주일에 1~4가지씩 한 달 정도 지속한다. 리스트에 실린 모든 행동은 '심리적으로 여유가 있는 사람'의 행동을 토대로 만들었으므로 아무리 부정성 효과가 강한 사람이라도 꾸준히 하면 정신이 유연해질 것이다.

시야 확대 액션 리스트
1	아침에 눈을 뜨면 '오늘은 좋은 하루를 보내자'라고 소리 내어 말해보기
2	감정이 불안정해지면 멈추어 서서 몇 번이든 심호흡하기
3	잠들기 전에 그날 일어난 긍정적인 일과 느낀 점을 적기
4	최소 5분 동안 의식적으로 미소 짓기(혼자 있을 때, 무언가를 하는 중에도 상관 없다)
5	친한 친구나 가족에게 웃으며 말 걸기
6	일어나자마자 감사한 일을 5분 이상 마음으로 정리하기(예: 친구, 가족, 안전한 곳, 깨끗한 공기 등)
7	30분 동안 좋아하는 일 하기
8	다른 사람에게 감사한 마음 전하기(예: 교사의 훌륭한 강의에 감사하기, 친구에게 고마운 마음 전하기 등)
9	잠들기 전에 다음날 해야 할 작업 중 좋은 일을 하나 적기
10	30분 이상 책 읽기
11	걱정거리가 있으면 그것을 자유로이 종이에 적어보기
12	소중한 사람(친구, 가족)과 한 시간 이상 함께 보내거나 밖으로 나가서 새로운 사람 만나기
13	잠들기 전에 5분 동안 지금까지 인생에서 만난 좋아하는 사람과의 관계에 대해 생각해보기(예: 함께한 이벤트나 도움받은 기억 등)
14	요가 교실에 다니거나 집에서 10~20분 정도 요가 하기
15	최소 15분은 운동하기

16	아침에 일어나면 5분 이상 명상하기
17	미래에 불안을 느낀다면 2분 이상 이상적인 미래를 그려보기
18	그날 일을 최소 5분 동안 일기로 기록하기(실제로 일어난 일뿐 아니라 감정도 적는다)
19	스트레스를 받으면 적어도 2분간 과거의 성공 체험을 돌아보기(예: 발표하기 전에 긴장될 때는 과거에 발표하면서 성공한 기억을 돌이킨다)
20	감사한 일을 SNS 등에 게시하기
21	결정하기 불안하다면 각 선택지의 장단점 나열하기
22	누군가가 칭찬하면 순수하게 고맙다고 소리 내어 말하기
23	한 명 이상의 친구나 지인과 함께 운동이나 하이킹, 쇼핑 등 활동적으로 즐길 만한 일을 한 시간 이상 하기
24	친구나 가족에게 전화해서 상대의 이야기 듣기
25	친구와 커피를 마시면서 자기 인생의 좋거나 나쁜 부분을 솔직하게 이야기하기
26	적어도 5분 동안 삶에서 좋은 점을 모두 일기에 적기(예: 깨끗한 공기, 태양의 빛, 친구·지인의 존재 등 아무리 사소한 것이어도 좋다)
27	걱정거리가 있다면 친한 친구나 가족에게 말하기
28	낙담했을 때는 긍정적인 결과가 나올 만한 일을 적기
29	친한 친구나 가족과 자기 인생이나 감정에 대해 솔직하게 이야기하기
30	적어도 10분간 스마트폰에서 행복하다고 느끼는 사진을 찾아보기(예쁜 꽃, 친구, 쾌적한 침대, 자기 자신 등)
31	친한 친구나 가족에게 고마운 마음 전하기

32	적어도 5분 동안 천천히 즐거운 것 음미하기(예: 눈을 감고 천천히 맛있는 것 먹기, 강가에 앉아 눈을 감고 물 흐르는 소리 감상하기, 아름다운 미술작품이나 꽃을 발견해 지긋이 바라보며 느낀 것 돌아보기)
33	자선단체에 기부하기
34	큰소리로 웃기. 친구와 무언가 즐거운 일을 하거나 웃긴 동영상을 찾아 웃기
35	부정적인 감정(슬픔, 분노, 스트레스 등)을 느끼면 최소 5분 동안 그 감정의 원인을 적기
36	하루에 30분 운동하기
37	보상에 대한 기대 없이 남 도와주기
38	자신의 좋은 점이나 강점에 대해 적어도 5분 동안 일기에 적기
39	그날 있었던 일 중 최소 5가지 긍정적인 일 떠올리기(예: 오늘은 하늘이 예쁘다, 오늘은 친구를 만나 즐거웠다, 이 소파는 안정감이 있다, 강물 소리가 경이롭다 등)
40	긍정적인 감정을 느꼈다면 2분 동안 속으로 찬찬히 생각하기(무엇이 즐거웠나, 왜 즐거웠나 등)
41	당연하다고 생각하는 긍정적인 일을 3개 이상 입 밖으로 말하기(예: 사는 아파트가 정말 마음에 든다, 학교 캠퍼스를 걷는 게 즐겁다 등)
42	45분 이상 운동하기
43	부정적인 생각이 들면 그 부정적인 생각을 확인하고 같은 주제의 긍정적인 측면을 3가지 생각하기(예: 일요일에 비가 오는 건 싫지만, 덕분에 집에서 편히 쉴 수 있고 읽고 싶던 책도 읽을 수 있으며 빗소리도 나쁘지 않다)
44	지금 상황이 부정적으로 다가온다면 안 좋은 것을 인정하고 긍정적인 일 3가지를 속으로 생각하기
45	하고 싶은 재미난 일을 리스트로 만들어서 실제로 해보기

46	누군가에게 화나거나 분노하면 최소 2분 동안 그 사람의 좋은 점 돌아보기
47	부정적인 생각이 나면 그 내용을 부정할 만한 증거를 2분 동안 적기(예: 아무도 나를 좋아하지 않는 것 같지만 실제로는 타인의 감정 따위는 모르는 것이다. 나를 좋아하는 사람이나 선생님, 가족도 많이 있을 것이다)
48	누군가의 말과 행동에 상처받거나 화날 때는 그 사람이 싫은 행동을 보인 원인에 대해 적어도 1분 생각해보기(예: 오늘은 컨디션이 안 좋았을 거야)
49	싫은 일이 있으면 사회적인 도움 받기(친구나 가족, 같은 취미를 가진 사람이나 같은 목표를 향해 노력하는 사람의 모임 등)
50	과거에 상처 준 사람을 특정해 그 사람을 용서해보기

인생에서는 거의 모든 사람이 좀 더 자신감을 잃는 게 좋다

"자기 실력의 부족함을 아는 것이 자기 실력에 충실한 것이다."

고대 기독교 철학자 아우구스티누스는 4세기에 이런 말을 남겼다.

진정으로 능력을 발휘하고 싶다면 그전에 자기 능력이 부족하다는 사실을 인정해야 한다는 뜻이다. 사실 '내게는 충분한 지식과 기술이 있다'고 늘 생각한다면 그 이상의 노력은 하지 않을 것이고, 자신이 틀렸을 때도 유연하게 대처하지 못할 것이다.

아우구스티누스의 표현은 정말 함축적인 것인데, 최근 십수 년 동안의 연구에서 이 말이 타당하다는 것이 밝혀졌다.

'지적 겸손'이라는 단어를 들어보았는가. 한마디로 자신의 지식과 능력의 한계를 올바르게 파악했다는 뜻으로, 지적 겸손을 겸비한 사람은 자신의 부족함을 알기에 자기 의견을 고집하지 않는다. 많은 데이터를 종합하면 지적 겸손 수준이 높은 사람은 다음과 같은 특징을 보인다.[11]

- ☑ 자신의 실수를 발견하면 밀어붙이지 않고 의견을 수정한다.
- ☑ 의견이 다른 상대를 만나도 관용적인 태도를 유지한다.

☑️ **데이터나 사실을 기반으로 능숙하게 진실에 접근한다.**

지적 겸손을 지닌 사람은 자신의 한계를 인정하기 때문에 쉽게 편견에 사로잡히지 않으며 객관적인 정보를 바탕으로 진실을 추구할 줄 안다. 말하자면 이는 오만함의 정반대에 있는 정신 작용으로서 일반적으로는 '유연한 사고'라는 표현에 가장 가깝다.

유연한 사고는 인지력을 높이기 위해 빼놓을 수 없는 요소다. 좋은 우연을 붙잡기 위해서는 주변에서 일어나는 변화를 민감하게 알아차려야 했다. 알렉산더 플레밍이 발견한 푸른곰팡이가 생긴 페트리 접시, 퍼시 스펜서의 녹아내린 초콜릿은 모두 그 대표적인 사례다.

그러나 이런 주변의 변화란 익숙한 일상과 다른 상태다. 이때 유연한 사고가 없으면 우리는 바로 앞에서 일어난 변화를 아무 일도 없었던 것처럼 다루어버릴 것이다. 자신의 지식에 의문을 품지 않은 탓에 푸른곰팡이와 초콜릿은 단순한 실패에 불과하다는 의식에서 벗어나지 못하기 때문이다.

모든 돌파구는 예전과 다른 생각을 했을 때만 일어난다. 그런데도 언제까지고 자기 생각에만 갇혀 있으면 운을 붙잡기는 불가능하다.

그런데 세상사람 대부분이 자신에게 지적 겸손이 있다고 착각하기 때문에 나아지지 않는다. 당신이 무언가 중요한 실수를 깨달았을 때를 떠올려보자. 정치적인 문제, 신념, 인생에서 하고 싶은 일 등 정체성과 관련된 일로 마지막에 생각을 바꾸었던 날이 언제였나? 그때 기분은 어땠는가?

아마도 대부분 상당히 고통스러웠거나 마지막까지 생각을 바꾸지 못했을 것이다.

사실, 미국 듀크대학교 조사에서도 참가자에게 '타인과 의견이 다를 때 자신이 옳을 확률은 어느 정도인가?'라는 물음에 82%가 '타인과 의견이 맞지 않을 때는 거의 내가 옳다'라고 대답했다.[12] 반대로 '내가 옳은 경우는 반도 안 된다'고 대답한 사람의 수는 겨우 4%였다. 인간이란 참으로 자기 생각에 집착하는 종족이 아닌가.

지적 겸손에 관한 연구로 유명한 마크 R. 리어리(Mark Richard Leary)는 이런 말을 남겼다.

"인생에서 사람들은 좀 더 자신감을 잃어야 한다. 자신의 신념이나 의견에 관해서는 누구나 필요 이상으로 자신감이 넘치기 때문이다."

여기까지의 글을 읽고 지적 겸손을 훈련하고 싶다는 생각을 솔직하게 한 사람이라면 지적 겸손을 갖추었을 가능성이 있다. 반대로 당신이 '내게는 지적 겸허함이 있다'라고 자부한다면 이미 경고등이 켜진 상태라고 보아도 좋다.

지적 겸손을 키우는 3가지 훈련

지적 겸손은 연구 역사가 아직 짧은 개념이지만, 최근 수년 동안의 조사를 통해 훈련하면 습득할 수 있음을 알았다. 대표적인 훈련법 3가지를 소개하겠다.

1. 장점 학습법

장점 학습법은 가장 손쉬운 훈련법이다. 그 방식은 매우 단순해서 지적 겸손의 장점을 배우기만 하면 된다. '지적 겸손에는 어떤 효과가 있을까?', '지적 겸손을 습득하면 어떤 변화가 일어날까?'와 같은 물음에 대한 답을 알기만 해도 충분히 훈련으로 기능한다.

이렇게 간단해도 되는가, 라는 의문이 들겠지만, 이 방식은 옛

날부터 지적 겸손을 연구하기 위해 세계적으로 사용된 전통적인 훈련법이다.[13]

우리는 대부분 구체적인 이득을 느끼지 못하는 한 행동을 바꾸려고 하지 않는다. 자신의 실수를 솔선해서 인정하고자 하는 사람은 없으며, 엄청난 이득을 보지 않는 이상 겸손을 배울 동기 따위는 생기지 않는다. 지적 겸손을 습득하기 위해서는 우선 지적 겸손의 장점을 이해하는 게 첫걸음이다.

최근 수년 동안 보고된 지적 겸손의 장점을 살펴보자.

장점 1) 사실을 직시하는 능력이 생긴다.

듀크대학교에서 2017년 진행한 연구에서는 지적 겸손 수준이 높은 사람일수록 과학적으로 옳은 건강법과 수상한 건강법의 차이를 명확하게 구별할 수 있었다. 지적으로 겸허한 사람은 자기 생각이 틀릴 수 있음을 늘 의식하며 그로 인해 질적으로 높은 수준의 증명을 추구하는 듯하다.[14]

장점 2) 폭넓은 지식이 쌓인다.

심리학자 마크 리어리 팀이 진행한 연구에서, 지적으로 겸허한 참가자는 자신의 의견과 다른 주장을 이해하기 위해 많은 시간을 할애하고, 동의하지 않는 생각에 대해서도 깊이 고민했다.[15] 결과적으로 자기 지식의 한계를 초월해 다양한 지식을 습득할 수 있는 것이다.

장점 3) 호감을 주기 쉽다.

지적 겸손이 높은 사람은 반대 의견도 적극적으로 수용하기 때문에 다른 사람에게 호감을 주기 쉽다. 미국 호프대학교의 2015년 연구[16]에 따르면, 지적 겸손을 겸비한 사람은 단 30분만 소통해도 상대에게서 긍정적 평가를 얻었다.

장점 4) 연애에 유리하다.

지적 겸손과 연애의 관계를 조사한 연구에서는 지적 겸손 수준이 높은 사람일수록 인기가 많고 지적 겸손이 낮은 사람보다 파트너십에 만족한다는 것을 알았다.[17] 지적 겸손이 높은 사람은 대인관계에서 문제 해결력이 뛰어나므로 연애할 때도 문제를 잘 풀어간다고 생각할 수 있다.

간단히 정리하자면, 지적 겸손을 가진 사람은 세상의 진실에 쉽게 접근하고 타인과의 소통에도 원만한 경향을 보인다. 이 장점들을 염두에 두고 평소에 지적 겸허함을 의식하자.

2. 실수 확인법

지적 겸손의 장점을 머릿속에 저장했다면 다음에는 실수 확인법에 도전하자. 장점 학습법처럼 손쉽고 효과가 높은 훈련법이다. 두 가지 단계를 순서대로 밟으면서 실천한다.

❶ 무언가에 확신을 느꼈다면 일단 멈춘다.
❷ 나는 틀리지 않았을까, 라고 자문한다.

인터넷에서 수긍하기 어려운 주장을 읽고 신경이 날카로워졌다면 '내가 틀리지는 않았을까?'라고 자문해본다. 상사의 지시가 확실히 불합리하다고 생각했다면 '내가 이상하다는 가능성은?' 하고 검토해본다. 친구가 무조건 내 의견에 찬성한다면 '사실은 내게 잘못한 점이 있지 않은가?' 하고 생각해본다.

틀림없다는 확신이 생겨도 그 마음은 우선 접어두고 당신이 잘못했을 가능성을 생각하자. 이 과정을 거듭하면 지적 겸손이 자랄 것이다.

이 훈련법이 어째서 효과를 보는 걸까?

이 세상에는 딱 부러지게 흑백으로 나뉘는 일이 없다. 사실을 잘못 알고 있다면 모르겠으나, 대체로 올바른 인식과 잘못된 인식이 복잡하게 얽혀서 간단히 결론짓지 못하는 경우가 많다. 요는, 우리 안에 절대적인 확신이 발생한 순간 그 인식은 틀렸을 가능성이 큰 것이다.

그러나 전술한 대로 인간은 자기 생각에 얽매이기 쉬운 생물이다. 조금만 정신을 풀어놓아도 우리는 지적 겸손을 잊어버리고 자신의 타당성에 아무런 의구심을 갖지 않으며 종국에는 사고의 유연성을 잃어버린다.

이 문제를 근본부터 고칠 특효약은 없으나, 가끔 스스로 의심하는 수밖에 없다. '확신이 들면 의심하라'는 말을 명심하면서 적당히 자신감을 버리는 작업을 날마다 반복하자.

3. 타인 설명법

지적 겸손을 키우기 위해서는 자기 분석이 필요하다. 자신을 똑바로 이해하지 못하면 능력의 한계를 파악하지 못하고 '내 지식은 불충분하다'는 생각에조차 도달하지 못하기 때문이다.

그래서 시도할 만한 방법이 타인 설명법이다. 이것은 원래는 사회과학 분야에서 탄생한 기법으로, 우울감이나 불안으로 괴로운 사람들의 증상을 완화하기 위해 사용되었다.

타인 설명법은 다음 순서로 진행한다.

❶ 주변에서 적당한 주제를 하나 고른다.

❷ 그 주제를 타인에게 얼마나 제대로 설명할 수 있는지 10점 만점으로 평가한다.

❸ 친구나 파트너 등에게 그 주제를 알기 쉽게 설명한다.

❹ 그 주제를 타인에게 얼마나 제대로 설명했는지 10점 만점으로 평가한다.

친구에게 설명하는 주제는 무엇이든 상관없으나, 전문 분야나 취미에서 찾기보다 주변의 일반적인 것들에서 선택하기를 권한다. 바다가 짠 이유, 소비세 구조, 지퍼를 여닫을 수 있는 이유처럼 너무 가까이에 있어서 평소에는 신경도 쓰지 않던 주제를 선택하면 훈련 효과가 높다.

예일대학교 연구에 따르면, 타인 설명법을 시도한 참가자는 대부분 실험 마지막에 이해도에 관한 점수를 1~3점 낮게 적었다고 한다.[18] 그래서 타인을 대할 때 오만함도 줄어들고 자신과 다른 의견에도 허용적인 태도를 보이게 되었다. 그 이유는 자세히 설명할 필요도 없이 타인에게 설명을 반복하는 사이에 자기 지식의 한계를 깨닫기 때문이다.

바다가 짠 이유를 설명하는 경우는 어떨까? '바닷물이 짠 이유는 염화칼륨이 녹아 있기 때문이다. 그렇게 된 이유는 암석에 포함되는 염화칼륨이 흘러 들어간 것이 원인이지만 해수에 바위가 녹은 이유는…….' 해수와 염화칼륨의 관계까지는 말할 수 있어도 염산을 함유한 가스가 태초의 지구를 감싸고 있었던 내용까지 설명할 수 있는 사람은 소수일 것이다. 바다는 짜다는 익숙한 사실 하나에도 우리의 지식은 금방 바닥을 보인다는 사실을 여러 번 깨닫다 보면 뇌는 조금씩 겸손을 배운다.

타인 설명법을 실천하는 시간은 정해져 있지 않으나 가능한 한 하루에 5분씩 한 달 정도 이어가면 좋을 것이다. 마음 편한 친구를 모아 놀이하듯 가볍게 시도해보자.

목적 없는 여행에는 신선한 놀라움이 많다

2장에서는 인생의 공략 힌트를 인지하는 능력 키우기에 관해 설명했다. 어느 훈련법이건 당신의 시야를 넓혀주고 주변에 일어난 좋은 우연을 알아차리는 기술을 높일 것이다.

단, 2장의 내용을 실천할 때는 반드시 목표 지향을 버려야 한다. 예를 들어 시야 확대 액션 훈련법을 실천하기 위해 하루에 30분 동안 운동하기로 정한 경우, 살을 5*kg* 빼기, 좀 더 건강해지기 등의 목표를 설정하면 안 된다. 뚜렷한 목표를 정한 시점에 신경이 목표 달성에 집중하기 쉽고 그만큼 시야가 좁아져버린다. 운동할 때는 '기분 좋게 몸을 움직이면 돼.' 정도의 목표만 있으면 훌륭하다.

어디로 갈지 정하지 않고 나선 여행은 신선한 놀라움을 만날 기회를 늘려준다. 마찬가지로 구체적인 목표를 피한다면 당신에게 일어날 우연도 훨씬 다채로워질 것이다.

3장

주요 미션 도전하기

행운 = (**행동** × 다양 + 인지) × 회복

드디어 진정한 배틀이
시작되었다

'언더테일*' 중에서

---

* UNDERTALE: 토비 폭스에서 제작해 2015년에 출시한 RPG로, 개발하면서 닌텐도
게임 '마더'의 영향을 많이 받았다고 한다. 직역하면 '지하 이야기'다.

운을 살리기 위해서는 다채로운 행동만으론 부족하다

약제사였던 존 펨버턴(John Stith Pemberton)은 1886년에 새로운 조제약을 개발하던 중 실수로 물 대신 탄산수를 넣었다가 맛있는 청량음료수 개발에 성공했다. 이 음료에 '코카콜라'라는 이름을 붙여 피로 해소에 효과가 있는 의약품으로 팔기 시작했다.

그 후 사업은 조금씩 성장했지만, 뜻밖의 일이 발생했다. 코카콜라를 판매하고 2년이 지난 즈음 펨버턴은 회사의 권리를 단 1달러에 넘겨주고 만 것이다.

이렇게 헐값으로 넘기게 된 배경에 대해서는 여러 설이 있지만, 펨버턴이 콜라를 약용으로만 판매하고자 했기에 예상보다 매출 실적이 좋지 않았던 원인이 유력하다. 코카콜라가 지금의 입지를 확고히 한 시기는 사업가인 에이서 캔들러(Asa Candler)가 코카콜라의 권리를 사들인 후 병의 디자인을 스타일리시하게 바꾸어 '상쾌한 청량음료'로 거듭나게 한 이후부터다.

이 에피소드가 주는 교훈은, 인생을 탐색해서 다양한 경험을 쌓는 것도 물론 중요하지만 동시에 특정 행동에 적극적으로 몰두하기를 게을리해서도 안 된다는 점이다. 간단히 설명하겠다.

지금까지 우리는 운의 발생확률을 높이기 위한 과정을 밟았다. 1장에서는 행동량과 다양성을 늘려서 좋은 우연이 흘러들어올 확률을 개선했고, 2장에서는 질문의 힘을 이용해 세상의 변화를 알아보는 능력을 길렀다. 지금까지의 훈련을 한두 가지만 다룰 줄 알아도 운을 붙잡는 기회는 확실하게 늘어날 것이다.

그런데 운을 붙잡은 단계에서 훈련을 멈추어버리면 큰 성공을 기대하기 어렵다. 코카콜라를 만든 펨버턴은 '맛있는 액체 개발'이라는 행운을 거머쥐었음에도 도중에 판매를 내팽개친 탓에 자신의 발명품에 잠재된 가능성을 살리지 못했다.

우리가 살아가는 동안에도 비슷한 경우는 여럿 일어난다. 프레젠테이션을 준비하다가 쓸 만한 데이터 정보를 발견했어도 간결하게 정리하는 수고를 게을리한다면 그 프레젠테이션은 큰 성공을 거두지 못한다. 오랜만에 만난 친구에게서 눈이 번쩍 뜨일 만한 안건을 제안받았다고 해도 그 의뢰를 끝까지 완수하지 못하면 다음 업무로 연결하지 못한다. 운을 최대한 살리기 위해서는 행동의 다양성만으로는 부족한 것이다.

인생에서 승승장구는 우연일까?

모처럼 붙잡은 운의 잠재력을 살리려면 어떻게 해야 할까?

방법을 찾기 위해 먼저 핫 스트릭 현상에 대해 알아보자.

핫 스트릭(hot streak)은 도박 세계에서 흔히 쓰는 용어로, 포커나 룰렛 등에서 연속적으로 잭폿이 터지는 현상을 말한다. 이게 바로 승리가 승리를 부르는 상황인데, 핫 스트릭에 돌입한 사람은 비범함에 가까운 성과를 올린다. 말하자면 '승승장구'하는 상태다.

이와 같은 현상은 도박장에서뿐 아니라 운동, 미술, 비즈니스 등의 세계에서도 드물지 않게 일어난다. 단 9년 만에 〈백 투 더 퓨처〉 시리즈와 〈포레스트 검프〉 등의 걸작을 내놓은 영화감독

로버트 저메키스(Robert Jemeckis), 수년 만에 연구를 완성해 노벨상까지 받은 화학자 존 펜(John B. Fenn)이 좋은 예다. 이들 외에도 아주 짧은 기간에 후세에 남을 만한 성과를 달성한 천재 사례는 여럿 발견된다.

그러나 여기에서 모두가 궁금해하는 부분은 핫 스트릭이 우연의 산물일까라는 점이다. 만일 핫 스트릭에 우연 아닌 요소가 존재한다면 우리도 삶에서 저메키스나 펜처럼 승승장구를 맞이할 수 있을 것이다. 그렇다면 핫 스트릭 발생은 단순한 우연일까, 아니면 특별한 조건이 따르는 걸까?

그 답을 찾는 과정으로 노스웨스턴대학교에서 진행한 핫 스트릭 연구를 확인해보겠다.[1]

조사를 시작하면서 연구팀은 우선 빈센트 반 고흐(Vincent van Gogh)나 잭슨 폴록(Paul Jackson Pollock) 같은 유명 화가 2,128명의 커리어를 분석했다. 80만 장에 달하는 작품 데이터를 인공지능 (AI) 심층학습* 기법을 이용해 화가들이 밟아온 기법의 변천을 수치화했다. 여기에 영화감독 4,337명의 작품 데이터 약 1만 9천 건, 과학자 2만 40명이 낸 학술논문 등을 취합해서 각각 세상에

---

* Deep Learning: 일반적인 기계학습보다 더욱 깊은 신경망 계층 구조를 이용하는 기계학습으로, 인공지능의 핵심 기술이다.

미친 영향력을 확인했다. 즉, 연구팀은 화가와 영화감독, 과학자라는 세 분야의 인물들을 통해 핫 스트릭의 발생 패턴을 조사했으며, 그 결과는 간결하게 다음과 같이 정리된다.

'핫 스트릭에 돌입한 자의 대부분은 직전까지 다면적으로 실험하다가 궤도에 오른 후부터 자원을 한 곳에 집중했다.'

성공한 많은 사람은 커리어를 시작한 초기에는 여러 대상에 자원을 분산하고 다양한 스타일이나 주제로 시행착오를 거듭했다. 그러나 괄목할 만한 성과를 올린 후에는 한 가지 표현이나 연구에만 자원을 쏟아부으면서 기존 경험을 살려 훨씬 풍부한 결과물을 만들어낸 것이다.

천재는 폭넓은 실험과 일점집중(laser focused)을 반복한다

핫 스트릭을 일으킨 유명인 사례를 몇 가지 들어보겠다.

☑️ 후기인상파를 대표하는 화가 고흐는 1888년 이전에는 정물화

나 연필화를 중심으로 작업했으며 밀레 작품을 닮은 어스 컬러*를 선호했다. 그러나 핫 스트릭을 일으킨 후에는 화풍에 변화를 주어 〈밤의 카페테라스〉 〈해바라기〉 같은 화려한 색조의 명작을 차례차례 탄생시켰다.

☑️ 영화감독 피터 잭슨은 좀비 영화나 환상 미스터리에 특화한 컬트적인 작풍의 영화를 만들기로 유명했으나, 2001년부터 발표한 〈반지의 제왕〉 〈호빗〉 시리즈를 통해 핫 스트릭에 진입했다. 전례 없는 성공을 거머쥔 후에는 다큐멘터리영화 제작으로 눈을 돌려 꾸준히 새로운 스타일을 모색하는 중이다.

☑️ 화학자 존 펜은 핫 스트릭에 돌입하기 전에는 분자 빔부터 제트추진까지 여러 주제를 연구하다가 전자분무 이온화(Electro-spray Ionization=ESI) 연구로 성과를 올린 후에는 이 연구에만 집중적으로 매달려 2002년에 노벨화학상을 받았다.

☑️ 추상화 대가인 잭슨 폴록은 전통적인 서양 회화나 초현실주의라는 다양한 스타일을 오랜 기간 시도한 화가다. 그러나 1974년 핫 스트릭에 돌입한 후에는 바닥에 놓인 캔버스에 공업용 페인트를 붓거나 뿌리는 드리핑(dripping) 기법에 역량을 쏟아

---

* earth color: 자연적인 흙이나 바위, 모래에 가까운 색으로 흔히 브라운 계열을 말한다.

부었다.

핫 스트릭을 일으킨 천재는 하나같이 '폭넓은 실험'과 '일점
집중'을 반복했다. 이런 경향은 회화, 영화, 과학 세 분야에서 모
두 발견되었을 뿐더러, 19세기부터 현대까지 전 시대에 걸쳐 비
슷한 양상을 보였다는 점에서 보편성이 높은 현상이라고 할 수
있다.

또 이는 반대 현상에도 나타날 수 있으며, 연구에서는 다음과
같은 결과도 얻었다.

☑️ 폭넓은 실험을 반복한 후에 초점을 한곳으로 집중하지 않으면
핫 스트릭 발생률은 크게 낮아진다.

☑️ 핫 스트릭이 안정기로 접어든 후에 다시 다양한 실험으로 돌아
가지 않은 경우에도 그 후의 핫 스트릭 발생률은 큰 폭으로 떨
어진다.

다시 말하면, '폭넓은 실험'과 '일점집중'은 늘 한 몸이다. 이 둘
사이를 넘나들며 반복함으로써 우리는 운을 올바르게 쓸 수 있
는 것이다.

단순히 세상을 탐색하기만 해서는 잠재된 운을 끌어낼 수 없다. RPG에 비유하자면 공략할 힌트를 얻었는데 플레이를 중단하는 것이므로 이 대목에서 더욱 중요한 퀘스트에 도전하지 않으면 미션을 완수하기는 불가능할 것이다.

3장에서는 2장에서처럼 운의 공식 중 행동력에 관해 다룬다. 단지 2장에서는 행동의 양에 집중했다면 여기에서는 질적인 면에 주안점을 둘 것이다.

다양한 행동에 도전하면서도 특정 행동을 지속하는 능력을 길러서 운의 가능성을 끌어내는 것이 3장에서 달성하고자 하는 목표다.

지속하는 기술을 익히는 3가지 훈련

지속 기술을 익히기 위해 3가지 트레이닝법을 준비했다.

❶ 성장 영역 훈련
❷ 인내 마이크로도즈
❸ 자기 조화목표 분석

이 훈련들은 모두 심리요법 및 코칭 업계에서 쓰이는데, 고객의 지속력이나 행동력을 높여준다고 인정받은 기법이다. 모든 기술을 완료할 필요는 없으므로 14~15쪽의 행운 스킬 진단 결과를 참고하면서 부족한 기술을 중점적으로 키우자.

지속 기술 훈련 1. 성장 영역 훈련

지속하는 기술을 높이기 위해 가장 먼저 '성장 영역 훈련'을 소개하겠다. 행동력을 높이기 위해 디자인된 성장 영역 훈련은 스탠퍼드대학교의 심리학 연구팀이 제안한 아이디어를 필자가 훈련법으로 재편성한 것이다.[2]

트레이닝법의 기초를 이해하기 위해 우선 136쪽 도형을 보자. 이 도형은 우리가 능력 향상을 위해 거치는 과정을 대략의 개념도로 정리한 것인데, 그 의미를 간단히 설명하겠다.

☑️ 쾌적 영역

가장 윗부분에 자리하는 쾌적 영역은 해야 할 일을 조절할 수 있다고 느끼는 구역이다. 익숙한 일, 전부터 해오던 취미, 동료와의 대화 등이 전형적인 예로, 이런 상태에서는 자기 행동이 초래

할 결과를 완벽하게 파악할 수 있으므로 불안감에 괴로울 일은 없다. 그러나 익숙한 행동만 하므로 뜻밖의 행운을 만나기는 어렵다.

☑ 공포 영역

쾌적 영역을 벗어나면 공포 영역으로 이동한다. 글자 그대로 강한 불쾌감과 불안에 휩싸이기 쉬운 구역으로, 업무 내용이 바뀌거나 불편한 사람과 대화하는 등 새로운 행동을 시작한 사람은 대체로 이 영역을 체험한다. 그래서 반사적으로 이 단계를 피하고자 하거나 벗어날 이유를 찾으려 한다. '내가 해야 할 일이 아니야', '이런 일을 해도 의미가 없어'라는 식의 변명을 만들어 쾌적 영역으로 돌아가려고 한다. 이 영역에 머물러 있다면 성장을 기대하기 어려운 것은 당연하다.

☑ 학습 영역

공포 영역을 극복하면 학습 영역이 기다린다. 새로운 기술이나 능력이 싹트는 곳으로, 불쾌감보다 재미가 우위를 차지한다. 일단 이 영역에 들어가면 어떤 행동이건 긍정적으로 접근할 수 있기에 작은 실패에도 상심하지 않는다.

쾌적 영역

해야 할 일을
조절할 수 있다고
믿는다.

공포 영역

강한 불쾌감과
불안에 휩싸인다.

도망칠
핑계를 찾는다.

쾌적 영역으로
돌아가고자 한다.

학습 영역

새로운 기술이나
능력을 키운다.

쾌적 영역이
확장된다.

과제 해결
방법을 배운다.

재미가 불쾌감을
이긴다.

성장 영역

인간적으로
성장한다.

자기 가치관을
알아간다.

쾌적 영역이
더욱 확장된다.

인생 만족도가
높아진다.

🗒 성장 영역

학습 영역에서 오래 머문 사람은 성장 영역으로 건너간다. 학습 영역에서 키운 기술을 활용해 중요한 행동에 시간을 할애할 줄 알기 때문에 인간적인 성장이 기대되며 살아가는 의의도 깊어지는 영역이다.

의식적으로 인생 영역을 넓혀야 한다

이상의 설명은 추상적이므로 가공의 인물을 예로 들어 설명하겠다.

직장인 A는 예전부터 사람들 앞에서 말하기를 멀리했다. 연설이나 프레젠테이션을 의뢰받아도 가능한 한 동료에게 떠넘기고 절대로 대중 앞에 서려고 하지 않았다. 그래서 발표에 대한 두려움으로 괴로울 필요도 없었고 늘 쾌적 영역에서만 머물 수 있었다.

그러던 어느 날 A는 상사로부터 다음 회의 때 새로운 프로젝트에 관해 설명해달라고 부탁받았다. 프로젝트의 전체적인 흐름을 파악하고 있는 직원은 A뿐이라서 발표를 맡을 사람이 달리 없었다.

A는 이야기를 듣자마자 공포 영역에 진입했다. 발표에 대한 불안과 공포가 번갈아 엄습했고 도망칠 길이 없는지, 아픈 척해야 할지 등 피해갈 생각만 떠올랐다. 이 상황은 A의 뇌가 쾌적 영역에 있고 싶어서 어떻게든 새로운 도전에서 멀어지고자 시도하는 상태다.

그렇다고 해서 사람들 앞에서 발표하기를 피하기만 하면 평정심을 유지할 기술, 자료를 정리할 기술, 정보를 제대로 전하는 기술이 향상되지 못한다. 그런 사람에게는 새로운 기회가 찾아오기도 어려울 것이다.

이런 생각이 든 A는 공포 영역에서 탈출하기로 결심했다. 발표에 능숙한 동료에게 물어보고 전달하기 쉽게 정보를 재편집하는 등 불안과 걱정에 휩싸이면서도 당장 할 수 있는 대책을 세우기 시작했다.

이윽고 A의 내면에 변화가 일어났다. 자기 나름의 시행착오를 겪더니 새로운 지식이나 기술을 배우는 과정에 쾌감을 느끼고 조금씩 적극적으로 바뀌기 시작한 것이다. 이때 A는 학습 영역에 있는 상태다. 절대로 발표에 대한 공포가 사라진 것은 아니면서 능력이 향상되는 성취감을 느끼고 스스로 미지의 정보를 흡수하고 싶어 하는 상태다.

처음으로 편안해진 A는 쾌적 영역으로 돌아가고 싶은 충동을 억누르면서 사람들 앞에서 발표하기를 몇 번 반복했다. 물론 그 과정에서 큰 실패도 있었으나 동료들이 주는 피드백을 바탕으로 토크나 자료조사 기술을 더욱 다듬었다.

이렇게 학습 영역에서 경험을 쌓더니 A는 성장 영역으로 이행하기 시작했다. 발표에 자신을 갖기 시작한 A는 발표 기술이 더욱 향상되었고, 무엇보다 사람들 앞에서 의견을 말하는 것 자체에 의미를 갖게 되었다.

성장 영역에 발을 넣으면서 A의 인생은 확실히 폭이 넓어졌다. 사람들 앞에서 말하는 것의 참된 뜻을 이해하면 앞장서서 의견을 피력할 수 있을 것이고, 그 덕분에 A의 생각을 이해하는 사람도 늘어나 결과적으로 더욱 중요한 일을 맡게 될 기회도 늘어날 것이다.

만일 A가 쾌적 영역에서의 삶에 안주했다면 이런 결과에 도달하지 못했을 것이다. 언제까지고 공포와 불안으로 얽매인 생활에 갇혀서 일이나 사생활에서 얻을 기회를 계속 놓쳤을 것이다.

쾌적 영역에서의 삶은 일시적인 안정감을 주지만, 한편으로는 인생의 가능성을 빼앗는 저주가 되기도 한다. 자신의 미래를 자기 손으로 옭아매고 싶지 않다면 의식적으로 인생의 영역을 넓힐 필요가 있는 것이다.

성장 영역 훈련을 실천하는 5단계

성장 영역의 중요성을 이해했다면 실제로 트레이닝법을 살펴보자.

성장 영역 훈련은 5가지 단계로 구성되고, 각각 '당신은 지금 어느 영역에 있는가?'를 생각하게 한다. 실천할 때는 단계마다 10~15분씩 할애하자.

1단계: 지금의 쾌적 영역 확인하기

다음 질문을 읽으면서 현재 자신의 인생에 대해 생각해보자.

- 일이나 생활에서 당장 쾌적 영역에서 나와 공포 영역으로 들어가야 하는 일은 생기지 않았나?
- 하고 싶은 일이나 관심 가는 일이 따로 있지만 공포나 불안 때문에 손을 대지 못하는 일은 없나?

떠오른 답이 있다면 모두 적어본다.

예: 성취감 없이 일을 이어가고 있으며 이직하거나 상사에게 부서 이동에 관한 말을 꺼내는 게 나을 것 같다. / 지인이 별로 없는 파티에 초대받으면 거절해버린다. / 격투기를 해보고 싶지만, 입문자라서 도장에 들어가기가 망설여진다. / 인터넷에 작품을 발표하고 싶지만 비난받을 것 같아 시도하지 못한다.

2단계: 공포 영역 특정하기

다음 질문을 읽으면서 공포에 대해 생각해보자.

☑️ **쾌적 영역에서 공포 영역으로 발을 들인다면 당신의 사고와 감정이 어떻게 움직일까?**

☑️ **공포를 느끼면 어떤 특징적인 신호가 나타날까?**

공포에 반응하는 자기만의 신호가 나타난다면 떠오르는 대로 적어보자.

예: 불안해서 같은 일만 생각한다. / 심장 박동이 빨라지고 머리가 무거워진다. / 자신감이 없다. / '이런 건 못해' '나는 이렇게 똑똑하지 않아' '지금은 돈이 부족해' 등의 비판적인 생각이 떠오

른다.

3단계: 학습 영역 상정하기

다음 질문을 읽으면서 지금 자기 인생에서 놓치고 있는 것에 대해 생각해보자.

- ☑ 1단계 쾌적 영역에 머물면서 원래는 손에 넣을 수 있었던 것을 놓치지 않았나?
- ☑ 만일 2단계 공포 영역에서 견디지 못하면 어떤 학습 기회를 놓칠까?

떠오르는 답이 있다면 모두 적어본다.

예: 아는 사람이 적은 파티 초대를 거절하면 사회성을 습득하거나 새로운 친구를 만들거나 즐겁게 보낼 기회를 잃는다. / 성취감 없이 일만 반복하면서 더욱 재미난 인생을 보낼 기회나 폭넓은 기술을 익힐 가능성을 잃는다.

4단계: 성장 영역의 가능성 발견하기

다음 질문을 읽으면서 당신 인생에서 성장의 가능성에 대해 생각해보자.

- ☑️ 3단계 학습 영역에 오래 머무를 수 있었다면 어떤 성장을 기대할 수 있을까? 성장한 자신을 보면서 어떤 마음이 들까?
- ☑️ 학습 영역에 머무름으로써 인간으로서 어떤 변화를 기대할 수 있나? 이 학습을 통해 개인적으로 훨씬 근본적인 무언가를 얻을 수 있을까?
- ☑️ 성장은 당신의 친구나 가족과의 관계에 어떤 영향을 미칠까?

답이 떠오르는 대로 모두 적어보자.

예: 익숙하지 않은 파티에 몇 번 참가하면 처음 보는 사람과 대화하는 기술을 습득할 것 같다. 그러면 새로운 기술을 업무에도 살릴 수 있어서 뿌듯해질지도 모른다. / 격투기를 해보면 조금은 강해질 것이고 적어도 지금보다 체력은 붙을 것이다. 그러면 성장에 자신감이 생길 것 같다.

5단계: 활동 생각하기

지금까지 적어놓은 답변을 기반으로 당신이 내일부터 시작할 수 있는 구체적인 활동을 정하자. 단계마다 기록해놓은 쾌적 영역과 공포 영역 리스트를 보면서 다음 질문에 대해 생각하자.

> ☑️ 당신이 쾌적 영역에서 뛰어나와 행동하기 위해 바로 할 수 있는 일은 무엇일까? 공포 영역에서 나타나는 신호를 가볍게 하려면 바로 무엇을 할 수 있나? 최소 3가지를 생각해 적어보자.
> ☑️ 바로 할 수 있는 3가지 일이 떠올랐다면 각 행동을 실행할 날을 정하고 적어보자.

예: 3월 4일에 회사에서 주최하는 파티에 참석하기 / 내일 13시에 근처 도장에 참관 신청하기 / 당장 구직 사이트에 회원 가입하기

이상의 성장 영역 훈련을 하다가 1단계에서 자신의 쾌적 영역에 대해 바로 답이 떠오르지 못했다고 해도 낙담할 필요는 없다. 많은 사람에게 쾌적 영역은 살면서 오랜 기간 배인 자연스러운 생활방식이므로 의식하지 못해도 이상하지 않다. 건강하지 못한 생활을 이어가면서도 생활습관병을 알아차리지 못하는 것과 마찬가지다.

1단계 작업에 너무 시간이 걸렸다면 1장에서 말한 호기심 액

션 리스트(60~62쪽) 중에서 '관심은 있으나 손대지 못하는' 활동을 선택하자. 그 외에도 '왠지 엉덩이가 무거워 들썩이기 힘든 작업', '무심코 미루어버리는 작업' 등도 성장 영역 훈련의 재료로 쓸 수 있다.

관심은 있는데 실천하지 못하는 이유는, 그 활동에 대해 무언가 불쾌감을 안고 있다는 증거다. 그 불쾌감을 이용해 자기 분석을 이어가는 것이 이 훈련법의 핵심이다.

지속 기술 훈련 2. 인내 마이크로도즈

지속력을 높이기 위해 또 한 가지 시도해볼 만한 기술이 '인내 마이크로도즈'다.

마이크로도즈(Microdose)는 약물 임상시험에서 쓰이는 용어로, 아주 소량의 신약 개발 후보 물질을 인체에 투여해 효과를 확인하는 기술이다. 인내 마이크로도즈의 목적은 인내심이 아주 살짝 필요한 작업에 굳이 도전해서 그것이 쌓여감으로써 지속력을 높이는 것이다.

이 트레이닝법을 통해 지속력을 높인 유명한 사례가 있다. 오스트레일리아의 맥쿼리대학교에서 진행한 테스트에서는 운동

부족 남녀에게 30분 동안 운동메뉴를 주고 '일주일에 한 번씩 헬스클럽에 다니되 두 달 지속해주세요'라고 지시했다.[3] 여기에 추가로 스트레스 변화, 알코올 섭취량, 헬스클럽에 다닌 횟수 등도 기록하게 했다.

그 결과는 실로 흥미진진했다. 지시대로 헬스클럽에 꾸준히 다닌 참가자 대부분은 운동 습성이 자리를 잡았을 뿐 아니라 알코올 섭취나 흡연양이 줄었고 저축금액, 채소를 먹는 양, 공부 시간은 늘었다. 일주일 단위로 운동하기만 했는데 생활 습관이 전반적으로 개선된 것이다.

이런 현상이 일어난 이유는 참가자들이 인내를 마이크로도즈 했기 때문이다.

회당 30분씩, 일주일에 한 번만 실천하면 되었지만, 운동 습관이 들지 않은 참가자가 헬스클럽에 꾸준히 다니기에는 나름의 인내심이 필요했을 것이다. 그런 사소하게 참아내기를 몇 번 체험하는 사이에 참가자 내면에 '나는 할 수 있는 사람이다', '나는 싫은 일에 지지 않는 인간이다.' 등의 자각이 커지고 이 정신력이 인생을 바꾸는 동기부여로 이어진 것이다.

물론 인내 마이크로도즈의 내용이 규칙적인 운동일 필요는 없다. 훈련할 때는 다음 조건을 참고하면서 당신에게 적합한 활동을 선택하길 바란다.

❶ 실행하기에 약간의 인내심이 필요한 작업을 고른다.
❷ 당신이 '이것만 참으면 득이 된다'라고 믿을 수 있는 작업을 고
른다.

우선 중요한 작업은 난이도 설정하기다. 구체적인 작업을 선택할 때는 조금만 노력하면 될 것 같은 것을 고르자. 판단 기준은 주관적이어도 좋지만, 아무리 노력해도 무리일 것 같은 작업을 10점, 무난하게 할 수 있는 작업을 1점으로 했을 때 3~4점 정도의 노력으로 실행할 만한 활동을 추천한다.

또 한 가지 중요한 점은, 그 작업에 대해 당신이 장기적인 이점을 느낄 수 있는가다. 술을 줄이면 건강해진다, 게임을 참으면 공부 시간이 늘어난다, 방을 정리하면 기분이 좋아진다 등, 인내에 대한 보상이 명확한 활동을 찾아보자.

적당한 행동이 떠오르지 않는다면 '인내 마이크로도즈 리스트'(149~151쪽)를 활용해도 좋다. 성격심리학 분야에서 개발한 이 리스트는 46종류의 활동으로 구성되며 일상에 가벼운 인내를 도입해 지속하는 기술을 익히기 위한 훈련법이다.

서던메소디스트대학교 연구에 따르면, 이 훈련을 쌓은 실험 대상자는 자신이 결정한 일을 지속하는 능력이 높아지고 어려운 작업에도 포기하지 않고 도전하도록 발전했다고 한다.[4] 스스로 참을성이 없거나 금방 질린다고 생각하는 사람일수록 큰 효과를 얻을 수 있다.

리스트 활용법은 호기심 액션 리스트(60~62쪽)와 같으며, 우선 모든 항목을 확인한 후 당신이 조금만 참으면 할 수 있을 것 같은 항목을 골라 일주일에 1~4가지씩 도전해보자. 목표 기간은 한 달이다.

인내 마이크로도즈 리스트
1	일이나 공부 중에는 스마트폰을 주머니에 넣고 절대로 보지 않는다.
2	일이나 이벤트 준비를 평소보다 10분 일찍 시작한다.
3	스마트폰 홈 화면에 깔린 아이콘을 정리한다.
4	생산적 업무의 이점에 대해 생각하고 떠오른 점을 종이에 적는다.
5	주위에서 자신에게 기대할 만한 행동 리스트를 작성한다.(예: 이벤트 참여하기, 과제나 일에 기여도 높이기, 물자 제공하기)
6	수업, 업무 약속, 그 외 활동에 반드시 5분 전에 도착한다.
7	다음날 입을 옷을 전날 밤까지 준비해둔다.
8	이메일이나 메시지를 보내기 전에 오탈자를 세세하게 점검한다.
9	일용품과 같은 중요하지 않지만 사야 하는 것을 메모한다.
10	꼭 해야 할 일이 생각났다면 스마트폰이나 달력에 메모한다.(예: 과제, 집안일, 청구서, 약속)
11	30분 동안 장기 목표와 단기 목표 리스트를 작성한다.
12	미룬 일을 특정해 그 작업을 미루는 이유를 5분 동안 적어본다.(어떻게 시작하면 좋은지 등)
13	식사를 마치면 바로 설거지해서 정리한다.
14	청구서를 받자마자 처리한다.
15	학교나 직장의 과제를 마감 일주일 전에 마친다.
16	학교나 직장의 과제를 특정해 늦어도 이틀 전에 마친다.
17	아침에 일어나면 그날 달성하고 싶은 일을 항목별로 쓴다.

18	이벤트에 참여하기 전날 밤까지 필요한 것을 가방에 싸둔다.
19	일이나 학습에 방해되는 일을 5분 이상 걸려 기록하고 해결하기 위한 전략을 짠다.
20	잠들기 전에 다음 날 해야 할 일을 항목별로 작성한다.
21	날마다 학습 시간을 한 시간 확보해 공부한다.
22	자기 방의 작은 쓰레기를 정리한다.
23	작업 책상 위를 깔끔하게 정리한다.
24	미루던 가사를 한다.(예: 세탁, 청소, 서류작성 등)
25	최소 이틀 전까지 친구와 점심이나 저녁 약속을 정하고 실행한다.
26	수업이나 일로 해야 할 과제를 하나 정해 제출하기 전에 답을 주의 깊게 이중 체크한다.
27	달성하고 싶은 구체적인 목표를 특정하고 그 목표를 이루기 위해 어떤 액션이 필요한지 모두 적는다.
28	중요한 이벤트뿐 아니라 독서나 영화 같은 취미활동 일정도 달력에 적어둔다.
29	정신 바짝 차리고 중요한 작업에 집중할 시간을 갖는다. 스마트폰 알림을 끄고 인터넷도 보지 않으며 최소 30분은 눈앞 활동에만 집중한다.(청소나 공부 등 중요하다고 생각하면 활동 내용은 상관없음)
30	친구에게 부탁받은 일이 있다면 구체적인 계획을 세워서 실행한다.
31	수업이나 일에서 배운 중요한 용어나 개념을 스마트폰에 메모한다.
32	교사와 공부법에 관해 이야기한다. 혹은 상사와 일을 유연하게 진행하는 방법에 관해 상담한다. 답이 나왔다면 그 방법을 최소 30분 동안 실천한다.
33	최근 작업한 내용을 떠올려 자신의 업무태도를 솔직하게 비평하고 개선할 점을 찾아 적는다.

34	꼭 해야 할 일이 생각났다면 달력에 시간 계획을 적어두고 예정한 대로 진행한다.(과제나 잡무, 청구서 작성 등)
35	그날 해야 할 일을 모두 달력에 적어 완수한다.
36	달성하고 싶은 단기 또는 장기 목표를 명확하게 하고 그 목표를 위해 구체적이면서 작은 한 걸음을 딛는다.
37	약속을 스마트폰이나 달력 메모에 적어 그대로 지킨다.
38	작업을 포기할 것 같으면 수 분 동안 쉬면서 기분을 전환한 후에 끝까지 완수한다.
39	필요한 작업을 리스트로 만들어 각각에 대응하는 시간을 확보한다.(예: 해야 할 작업, 커뮤니케이션 시간 등)
40	특정 과제를 정해 전력으로 매진한다.
41	매일 수면시간을 정해서 시간대로 자고 일어난다.
42	달력에 적은 모든 활동을 5분 전부터 시작한다. 또는 5분 전에 현장에 도착한다.
43	하루 계획을 세우고 모든 수업, 약속, 사회활동을 달력에 적는다. 적어놓은 일정은 한 시간마다 확인하고 일정이 밀리면 계획을 다시 짠다.
44	해야 할 잡무나 과제를 하나 정해 그것을 평소보다 높은 수준으로 실행한다.
45	최근 한 일 중에서 좀 더 잘하고 싶었던 구체적인 일이나 과제를 하나만 골라 만족할 때까지 실행한다.
46	솔선해서 무언가의 책임을 진다.(예: 이벤트를 주최한다, 그룹 프로젝트 리더를 맡는다)

위 리스트에 실린 활동에 익숙해지면 조금씩 인내 단계를 높인다. 아무리 노력해도 무리일 것 같은 작업을 10점이라 했을 때 5~7점짜리를 목표로 하면 좋다. 역으로 처음에 선택한 활동이 생각보다 어려웠다면 좀 더 쉬운 단계의 작업을 다시 시도한다.

내게 맞는 목표에 자원을 쏟아붓는다

3장에서 지속력을 기르는 방법을 읽으면서 다음과 같은 의문을 품은 사람도 있을 것이다.

'지속이 중요한 줄은 알겠는데 어떤 우연에 힘을 쏟아야 할까?'

여러 차례 강조했듯, 운의 총량을 늘리는 행동이란 다름 아닌 일상에서 새로운 체험에 꾸준히 도전하고 좋은 우연과 만날 확률을 높이는 것이다. 그러나 그 과정에서 들어온 모든 우연에 같은 양의 자원을 쏟아붓는다면 아무리 시간이 남아돌아도 부족한 게 사실이다.

새로운 기술을 습득하기 위해 영어, 통계, 역사 학습을 한꺼번에 시작했다고 가정할 때 모든 공부에 같은 노력을 들인다면 모두 어정쩡한 지식을 익히는 데서 끝날 것이다. 적절하게 타이밍을 보면서 '통계에만 집중하겠다'라는 식으로 미리 정해두지 않으면 모든 공부가 수박 겉핥기로 끝나버릴지 모른다. 인간관계에서도 마찬가지로, 모처럼 여러 사람과 인연을 맺었는데 누구든 특정 상대와 깊은 관계를 맺지 않으면 큰 성과를 올리기 힘들 것이다.

그렇다고 해도 아무런 기준도 없이 한 가지 활동에만 초점을 맞추는 것이 간단한 작업은 아니다.

1~2장의 트레이닝법을 실천하면 누구나 좋은 우연을 만날 확률은 높아지지만, 그 많은 훈련 중에서 특히 지속력을 발휘할 만한 행동이 어떤 것인지 선택할 수 있을까? 정말 어려운 문제이지만, 사실 어느 정도 기준은 존재한다. 물론 운의 세계에 절대적인 답은 없으나 특정 가이드라인을 활용하면 해야 할 활동을 선택하는 게 불가능한 것은 아니다.

그 가이드라인이란 한마디로 '자기 조화목표 추구하기'다.

자기 조화목표란 자신의 가치관, 재능, 흥미에 어울리는 활동을 말한다. 이런 개념으로 생각할 경우, 우리는 4가지 패턴으로 동기를 부여하게 된다.[5]

☑️ 외발적 동기

보수를 받거나 처벌을 피하려는 등 외부로부터의 기대나 요구에만 근거해 발휘되는 동기다. 상사가 시켜서, 다들 하니까, 좋은 상품을 받을 수 있어서, 사회 규칙이니까 등 동기 발생 원인이 오로지 외부에 있고 본인 의지는 희박하다.

☑️ 의무 동기

자신을 타인보다 뛰어난 인간이라고 믿을 때, 또는 타인보다 열등한 존재라는 인식을 갖지 않으려고 할 때 발휘되는 동기다. 친구보다 높은 성적을 받고 싶어서 공부한다, 똑똑하다는 인식을 주기 위해 일한다, 바보 취급받기 싫어서 노력한다는 식의 동기가 전형적인 예다. 동기 발생원이 외부에 있다는 점은 외발적 동기와 마찬가지이나, 단순히 보수나 처벌에 반응하는 것이 아니라 자신에 대한 평가를 유지하기 위해 '내가 노력해야 한다', '알아서 해야 한다' 등의 의무감이 발생하는 게 특징이다.

☑️ 통합 동기

활동 가치를 믿음으로써 발생하는 타입의 동기다. '이 공부는 사람을 도울 수 있으니 가치가 있다', '새로운 취미는 인생에 의미를 부여하니까 중요하다'라고 진정으로 생각하면 그 활동은 통합 동기라고 생각할 수 있다.

☑️ 내발적 동기

보수 획득이나 목표 달성이 아니라 활동 자체에서 동기를 부여받는 패턴이다. 그냥 캠핑이 즐겁다, 달리는 것 자체가 재밌다 등의 감각이 있다면 내발적 동기다.

이렇게 분류된 동기 중에 지속력을 높이기 쉬운 것은 통합 동기와 내발적 동기다. 이 두 가지는 자기 가치관과 활동 내용이 조화를 이루므로 외부로부터의 강제로 인해 행하는 활동보다 월등히 모티베이션을 끌어올린다.

자기 조화목표의 중요성을 증명한 여러 연구 결과에서도 이점들이 보고되었는데, 그중 일부를 소개하겠다.

☑️ 목표 달성률이 높아진다

고등학생 약 600명을 대상으로 진행한 조사에서 자신과 조화로운 목표를 가진 학생일수록 동기부여를 잘하고 성적이 상대적으로 20~40%나 높았다.[6]

☑️ 인생 만족도가 높아진다

영국의 바스대학교에서 운동선수 210명을 조사했더니, 자기 조화목표를 가진 선수일수록 연습량이 많고 그로 인한 인생 만족도도 약 20% 높았다고 한다.[7]

☑️ 수명이 길어진다

하버드대학교의 엘렌 랭거(Ellen Langer) 연구팀이 노인 요양원에서 진행한 실험에 따르면, 식물에 물 주기, 실내에 그림 장식하기 등의 자발적인 목표를 갖도록 지도받은 고령자는 직원들에게 수동적으로 도움만 받은 고령자보다 사교성이 증가했고 18개월 동안의 추적조사에서도 사망률이 절반이나 낮았다고 보고되었다.[8]

이런 결과를 얻을 수 있었던 것은 자기 조화목표 덕분이다. 외부에서 억지로 시키는 활동이 아니라 자신의 가치관과 필요에 맞는 활동이 달성하기 쉬운 것은 당연할 것이다. 어느 활동을 지속해야 할지 망설인다면 자신과 조화하고 있는가를 기준의 하나로 잡아보기 바란다.

자기 조화목표 분석의 3단계

자기 조화목표에 대한 사고 과정을 이해했다면 실제로 당신의 상황을 분석해보자.

지금까지 소개한 여러 활동 중 당신이 정말로 자원을 쏟아부어야 할 대상이 무엇인지 아래 3가지 단계를 밟으면 판단할 수 있다.

1단계: 활동을 리스트에 적기

지금 진행 중인 활동을 최소한 8가지 적는다. 가령 영어 온라인 강의, 새로운 격투기 연습, 매일 물건 하나씩 버리기, 이직 계획 세우기 등이다.

활동의 크고 작음은 관계없으므로 지금 하는 (또는 하고 싶은) 일을 모두 적는다. 앞으로 시도하고 싶은 활동이어도 상관없고 이미 익숙해진 활동을 선택해도 문제없다.

2단계: 자원을 쏟아부을 이유 분석하기

1단계에서 만든 리스트를 보면서 동기 종류를 생각한다. 모든 활동에 154~155쪽의 4가지 유형 중 어떤 동기가 얼마나 들어맞는지 생각한 후 각 10점 만점으로 채점한다. 만일 그 동기가 전혀 들어맞지 않는다면 1점, 그 동기가 완전히 딱 들어맞는다면 10점이다. 유형을 판단하기 어려울 때는 다음 질문의 답을 생각해본다.

✅ 외부적 동기에 관한 질문

- 이 활동은 다른 사람이 내게 원하는 것인가?
- 내가 이 활동을 하고 싶은 이유는 어떤 외부 상황에 영향을 받아서인가?
- 이 활동을 하고 싶은 이유는 보수나 칭찬 또는 승인이 목적인가?
- 부정적인 사태를 회피하고 싶어서 이 활동을 하고 싶은 건가?

✅ 의무 동기에 관한 질문

- 이 활동을 하지 않으면 창피한가?
- 이 활동을 하지 않으면 불안하거나 죄책감을 느끼는가?
- 이 활동을 의무라고 느끼지 않는가?

☑️ 통합 동기에 관한 질문

- 나는 이 활동을 정말로 중요하다고 믿는가?
- 이 활동이 누군가로부터 권유받은 것이라 해도 나는 진심으로 지지하는가?
- 나는 이 활동을 올바르다고 진정 느끼고 있는가?

☑️ 내발적 동기에 관한 질문

- 나는 이 활동으로 얻을 수 있는 체험 자체에 관심이 있는가?
- 나는 이 활동이 가져다주는 재미나 자극을 매력적으로 느끼는가?
- 이 활동을 해야 할 이유가 따로 있었다고 해도 체험 자체에 대한 흥미가 제일 큰 동기인가?

3단계: 자기 조화 점수 계산

2단계에서 나온 점수를 아래 식에 대응해 계산한 후 자기 조화 점수를 산출한다.

> '자기 조화 점수 = (통합 + 내발적) - (외발적 + 의무)'

2단계에서 '외발적=1점, 의무=3점, 통합=9점, 내발적=9점' 과 같은 점수를 얻었다고 가정해보자. 이 경우 계산식은 (9+9)− (1+3)이며, 이를 합산해 나온 자기 조화 점수는 14점이다. 계산이 끝났다면 다음 질문에 답을 생각한 후 당신이 선택한 활동이 자기 조화목표에 얼마나 가까운지 판단한다.

☑️ 자기 조화 점수가 가장 높은 활동은 어느 것이었나?
☑️ 점수가 높은 활동의 자기 조화 레벨을 높이기 위해 할 수 있는 일은 없을까?

자기 조화 점수가 높았던 행동일수록 당신이 자원을 집중적으로 쏟아부어야 할 활동의 가장 우선순위 후보가 된다. 이 트레이닝법은 어떤 활동에 집중해야 할지 혼란스러울 때 써먹을 수 있으니 3~6개월에 한 번씩 분석해서 자기가 실천하는 활동을 점검하면 좋다.

초간단 자기 조화목표 분석

자기 조화목표 분석은 효과가 높은 기법이지만 손이 많이

가는 것이 단점이다. 가장 손쉽게 최적의 활동을 선택하고 싶다면 자기 조화목표 분석의 간단 버전을 사용해보는 것도 방법이다.

간단 버전은 5가지 질문에 답하기만 하면 다소 정밀도가 높은 선택을 할 수 있도록 설계되었다. 자원을 쏟아부어야 할지 망설여지는 활동을 떠올리면서 아래 질문에 대해 생각해보길 바란다.

❶ 이 활동은 다른 사람의 희망을 실현하기 위해 하는가? 아니면 달성한 후 무언가가 손에 들어오기 때문에 하는가?

❷ 이 활동을 달성하지 못하면 나는 창피한가?

❸ 이 활동이 내게 중요한 목표라고 정말로 믿고 있는가?

❹ 이 활동은 내게 재미나 희열을 주는가?

❺ 이 활동은 나의 인간성을 나타내고 내가 생각하는 인생의 가치를 반영하는가?

모든 질문에 답이 끝나면 다음과 같이 판단한다.

☑️ 질문 1과 2의 답이 예스라면 그 활동을 멈춘다.

☑️ 질문 3~5의 답이 예스라면 그 활동에 자원을 쏟는다.

대략적인 질문이지만 판단 가이드라인으로는 충분히 유용하다. 단기적인 판단에는 간단 버전을 사용하면서 장기적으로는 자기 조화목표의 완전판으로 정밀도를 높이기를 권한다.

지금은 인생의 실험 기간인가, 집중 기간인가?

3장에서 가장 중요한 내용을 한마디로 정리하자면, '실험과 집중의 왕복'이었다.

당신이 붙잡은 운의 잠재력을 최대한 끄집어내기 위해서는 세상을 폭넓게 탐색한 후에 자원을 한곳에 집중하는 작업을 이어가는 게 최선이다. 이 왕복을 지속하지 못하면 핫 스트릭 발생률은 올라가지 않는다.

핫 스트릭이 이어지는 기간을 예측할 수는 없지만, 일반적으로는 사전에 진행한 실험 폭이 넓을수록 승승장구하기 쉽다고 한다. 인생에 확실한 변화를 일으키기 위해서도 지금이 인생의 실험 기간인지 집중 기간인지 의식해두길 바란다.

4장

이어 하기 반복하기

행운 = (행동 × 다양 + 인지) × **회복**

인생에 리셋 버튼은 없다

——— '타운으로 놀러 가요 동물의 숲*' 중에서 ———

닌텐도에서 제작한 인생 시뮬레이션 게임으로, 동물의 숲 시리즈 중 세 번째 작품이다.

행운의 양이 늘어나면 불운의 양도 늘어난다

RPG 속 세상은 고난의 연속이다. 강력한 보스를 만나 처참하게 패배하고 보석상자인 줄 알았는데 몬스터가 튀어나오기도 하며 던전에서 덫에 걸려 전멸하기도 한다. 하지만 캐릭터들은 뜻밖의 강적이나 함정에 맞닥트리면서도 불굴의 의지로 '계속하기'를 반복한다.

현실에서도 우리가 운을 붙잡고자 하면 그 과정에 반드시 역경을 만난다. 너무 여러 번 들어 귀가 따갑겠지만, 행운의 발생률을 높이려면 행동량을 늘리는 수밖에 없으며 행동량을 늘리면 자연스레 불운의 양도 늘기 때문이다.

새로운 친구와의 만남은 삐걱거릴 위험이 있고, 새로운 학습은 작심삼일로 끝날지도 모르며, 창업 후 경영 수익이 만족스럽지 못할 수도 있다. 새로운 도전을 늘리면 동시에 실패의 위험성도 높아지는 건 당연하다. 좋은 우연을 기다리는 과정은 동시에 예기치 못한 불운을 끌어들이는 마중물이 될 수도 있는 것이다.

행운과 불운은 동전의 양면처럼 붙어 다니지만, 그렇다고 파티원이 전멸할 때마다 상심한다면 절대로 미션 성공을 맛보지 못한다. 더욱 많은 행운을 붙잡고 싶다면 보다 많은 불운을 사전에 쟁여놓을 수밖에 없다.

이 문제에 대처하기 위해 4장에서는 운의 공식 중 '회복'에 중점을 두겠다. 쓰라린 좌절을 딛고 의연하게 일어나 불운이 생긴 원인을 똑바로 분석하고 지혜롭게 바로 다음 도전에 착수하는 것이다. 그런 기술을 키우는 훈련법을 전수하는 것이 4장의 목표다.

인생에서 회복력이 얼마나 중요한지 의심하는 사람은 없겠지만, 만일을 위해 수치로 증명된 데이터도 확인해보자. '오랫동안 번창하는 기업은 무엇이 다른가'라는 문제에 대해 생각해보았는가? 이는 사회연구 분야에서 오래전부터 논의되어온 주제다.

일본 경제산업성 산하 중소기업청에서 해마다 국회에 제출하는 중소기업백서에 따르면, 일본 제조업에서는 기업 중 20%가 1년 만에 문을 닫고 5년 후에는 50%가 폐업에 내몰리며 10년 후까지 살아남는 기업은 36%에 지나지 않는다.[1] 벤처기업으로만 한정하면 5년 후에는 15%, 10년 후에는 6.3%까지 떨어진다. 대부분 기업이 어쩌면 십수 년 만에 사라지는 게 일반적인 모양이다.

그러나 한편으로는 창업 후 100년 넘게 위세를 떨치는 기업도 존재한다. 125년도 넘게 세계적으로 사업을 전개하는 미국의 존슨앤드존슨, 400년의 역사를 가진 일본의 주류회사 요메이슈(養命酒), 1921년에 창업해 꾸준히 자동차부품을 제조하는 독일의 SHW AG가 대표적인 예다. 세 기업 모두 수백 년에 걸쳐 번영을 이어왔으며, 심지어 최근 몇 년 사이에 급속한 성장을 보이기까지 했다.

이들 기업은 어떤 비결이 있어 지금까지 장수를 누리는가? 운이 좋았을 뿐일까, 아니면 우량기업에만 존재하는 특별한 비밀이 있는 것일까?

이 의문에 대해서는 많은 가설이 존재하지만, 그중에서도《성공하는 기업들의 8가지 습관(Built to last: Successful Habits of Visionary

Companies)》1, 2권과《초우량기업의 조건(In Search of Excellence)》에 실린 내용이 가장 유력하다.

세 권 모두 1980~1990년대에 크게 주목받은 서적들로, 미국의 맥킨지 앤드 컴퍼니(McKinsey & Company) 등의 유명 컨설팅 기업에서 당시 우량기업을 수년 동안 조사해 승승장구하는 기업의 법칙을 완성한 것이다. 게다가 간행 직후부터 세계적인 열풍을 몰고 베스트셀러가 되었으며 '20세기 가장 영향력 있는 경영서'라 불리는 책들이다.

실제 이 책들이 주장하는 우량기업의 비밀이란 '대담한 목표에 도전한다', '절대로 만족하지 않는다', '고객 밀착형이다' 등 절로 고개를 끄덕이게 되는 내용뿐이다. 이 책들의 영향을 받은 경영인도 세계적으로 헤아릴 수 없으며, 지금까지도 우량기업의 비법서로 다루어지는 예도 적지 않다.

하지만 2000년대에 들어선 후 이 책들에 대한 비판이 늘었음을 아는가? 서적에서 언급된 50개 기업 대부분의 이후 실적이 급락했기 때문이다. 이 기업들이 번영을 이어온 것은 책의 출판 직후까지로, 이후에는 50개 기업 중에서 16곳이 5년 안에 도산했고 23곳은 시장가치가 크게 추락했다. 서적 간행 때와 같은 수준을 유지할 수 있었던 기업은 단 5곳뿐이었다. 우량기업을 아무리 파헤쳐도 그 끝을 점치기는 불가능한 듯하다.

초기의 대실패가 장기적인 성공을 가져온다

우량기업의 비결을 밝히고자 하는 시도는 아직 끝나지 않았다. 최근에는 다수 기관이 수치로 증명하기 위한 정량적 조사를 통해 단순한 추론으로 그치지 않는 분석을 해주고 있다.

그 대표적인 예가 미국 노스웨스턴대학교의 연구다.[2]

연구팀은 우선 과거 30년으로 거슬러 올라가 미국 정부에서 과학자에게 지급한 보조금 데이터 약 77만 건을 수집했다. 여기에 46년에 이르는 벤처기업에 대한 투자 데이터도 처리해 기업공개(IPO)나 인수합병(M&A) 등의 지표를 기반으로 창업 성공을 예측하기 위한 수리 모델도 만들었다.

모든 데이터를 분석한 결과, 성공한 과학자나 기업에만 보이는 통계적 특징이 3가지 부상했다.

첫 번째 특징은 커리어 초반에 실패를 경험한 자가 몇 년 후 더욱 큰 성공을 거머쥔 점이다. 예를 들면 초기에 보조금을 받지 못한 과학자는 지원받은 과학자보다 나중에 평가가 높은 업무를 맡는 경향이 있었다. 이는 벤처기업에서도 마찬가지였으며, 첫 실패에 굴하지 않고 사업을 이어온 기업일수록 장기적으로 실적이 좋았다고 한다.

두 번째 특징은 성공한 과학자나 기업은 초기 실패에서 두 번째 실패까지의 간격이 짧았다는 사실이다. 즉 두 번째 실패를 빨리 겪은 사람일수록 세 번째 도전에 성공할 가능성이 크고, 반대로 첫 번째 실패에서 두 번째까지의 시간이 길수록 세 번째도 실패로 끝날 확률이 높아진다. 덧붙이자면 최초의 성공까지 경험한 실패 횟수는 과학자의 경우 2.03회, 벤처기업의 경우 1.5회였다.

이상의 결과가 그다지 신기하지는 않을 것이다. 좌절로부터 빨리 일어서는 사람은 바로 다음 행동을 취하기 쉬우므로 다음 실패까지의 간격은 자연스레 짧아진다. 한편으로 실패에 약한 사람은 회복에도 시간이 걸리고 재도전까지의 기간은 늘어질 것이다. 실패 후 회복력은 장기적인 성공을 위해서 꼭 필요하다고 할 수 있다.

그러나 실패에 강하다고 성공률이 올라가는 것도 아니다. 연구팀은 성공자에게 나타난 세 번째 특징으로 '실패로부터 배우는 힘'의 중요성을 지적했기 때문이다. 오래 성공을 이어가는 과학자와 기업은 모두 뼈아픈 실패를 경험하자마자 원인을 분석했다. 실패 원인을 간파해두지 않으면 나중에 아무리 재도전해도 성공률이 낮아지는 것은 자명하다. 이 또한 지극히 상식적인 결론이다.

정량적인 데이터에 따르면, 성공에 필요한 능력은 두 가지다.

❶ 좌절로부터 다시 일어서는 힘
❷ 실패를 발판으로 삼는 힘

과거 사례를 보아도 이 두 가지 기술로 명성을 획득한 유명인 사례가 적지 않다.

조앤 K. 롤링의 《해리 포터와 현자의 돌(Harry Potter and the Philosopher's Stone)》은 출판사로부터 12회나 거절당한 일화로 유명하고, 리처드 바크의 《갈매기의 꿈(Jonathan Livingston Seagull)》은 18회 퇴짜를 맞았으며, 마거릿 미첼의 《바람과 함께 사라지다(Gone with the Wind)》 역시 간행에 이르기까지 38회나 채택을 거부당하는 쓴맛을 경험했다.

더욱 열거하자면, 《잃어버린 시간을 찾아서》로 유명한 마르셀 프루스트는 제1작을 몇 번이나 거절당한 끝에 출판 비용을 자비로 부담했다. 심지어 《인간희극》으로 잘 알려진 윌리엄 사로얀은 최초의 단편을 팔기까지 7,000회나 불채택이라는 쓴맛을 감당해야 했다. 모두 후세에 이름을 남긴 위대한 작가이면서도 초기에는 엄청난 좌절을 맛본 것이다.

이 작가들의 공통점은 좌절로부터 복귀가 빨랐다는 점이다. 롤링과 바크, 미첼 모두 불채택을 통보받자마자 원고 수정에 착수했고 이야기 구성을 바꾸거나 등장인물 성격을 개선하는 등 당장 새로운 행동을 일으킨 것이다. 이런 회복력 없이는 어떤 작품도 장기적인 명성을 쟁취하지 못했을 것이다.

실패는 단순한 데이터 포인트다

회복력을 키우는 훈련 방법은 많지만 4장에서도 역시 3가지로 엄선했다.

❶ 과학자 마인드셋

❷ 침습 수용

❸ 자아개념 질문

이 중에서 '과학자 마인드셋' 훈련을 가장 먼저 시작하기를 권한다. 말 그대로 과학자처럼 사고한다는 뜻인데, 이 과학자 마인드셋을 지닌 사람은 세상 모든 문제를 다음과 같은 관점으로 이해한다.

> ☑ 문제를 해결하기 위해서는 가설과 검증을 반복하는 수밖에 없다.
> ☑ 실험에서 실패란 새로 얻은 데이터 중 하나에 불과하다.

자세하게는 후술하겠으나, 이런 관점을 의식하느냐 못하느냐에 따라 큰 차이가 난다. 실패했을 때 과학자처럼 생각하자고 스스로 다독이는 과정만 거쳐도 인생의 좌절로부터 다시 일어서는 속도는 급격히 빨라진다.

이유를 설명하겠다.

과학적인 실험에서는 온갖 패턴의 실패가 몇 번이고 일어난다. 에디슨이 전구를 발명하기까지 2천 개가 넘는 필라멘트를 써버린 것처럼, 노벨화학상을 받은 시라카와 히데키 연구팀이 유기고분자 합성 실험 중 필요한 촉매 개수를 실수로 천 배나 더 첨가한 것처럼 과학에서 실패를 떼어놓는 것은 불가능하다. 과학이란 애초에 가설과 검증을 전제로 하므로 어쩔 수 없는 현상이다.

그러므로 과학자다운 마인드셋을 가진 사람은 실패를 단순한 '데이터 포인트'로서만 다룬다. 실험 과정에 실수가 생기건, 가설과 다른 결과가 나오건, 모든 것은 최종적인 결론에 도달하기 위한 데이터에 지나지 않는다.

실패를 이런 식으로 받아들이는 것은 일반적인 실패 이미지와 크게 다를 것이다. 현대사회에서는 실패를 자기 결함과 동등하게 간주하는 경향이 강하고, 그렇기에 우리는 대부분 좌절이 무능함을 대변한다고 이해하기 쉽다. 다이어트에 실패한 후 '나는 자기관리가 안 되는 인간이야'라고 자책하거나 업무 협상에서 실수한 자신을 '기술이 너무 부족해'라고 책망하는 등 실패 때문에 자신이 불량품인 것 같은 감정에 사로잡힌 사람도 많을 것이다. 실패를 무능의 증거처럼 인식하면 위축되는 것은 당연하다.

반면에 과학자는 실패를 낮은 능력치의 근거라고 생각하지 않는다. 실험에서 실패는 그저 가설에 오류가 있음을 나타내는 정보 중 하나이므로 어떤 실수나 잘못을 저지르건 진실에 한 걸음 가까워졌다는 증거에 불과하다.

가설과 검증을 배우기만 해도 불운에 강해진다

과학자 마인드셋의 경이로운 점은 과학자의 가설과 검증 사고 패턴을 배우는 것만으로도 회복력이 높아진다는 것이다.

이탈리아 경영인을 대상으로 진행한 2019년 조사를 살펴보자.[3] 연구팀은 이탈리아의 스타트업 기업 중 116곳의 대표자를 모아 4개월간 창업 프로그램에 참여하게 했는데, 이중 절반에게만 과학자 마인드셋에 관해 강연했다. 구체적으로는 고객 인터뷰로부터 판매 가설을 세우는 방법을 전수한 후 제품이나 서비스 발매를 과학실험으로 다루면서 자신이 세운 가설을 검증하는 자세를 잊지 말라고 요구했다고 한다.

4개월 후, 모든 경영인의 수익을 비교한 결과는 놀라웠다. 과학자 마인드셋을 배운 경영인은 배우지 않은 그룹에 비해 벌어들인 금액이 평균값으로 2.6배나 많았다. 가설과 검증의 중요성을 의식하기만 해도 실제로 성과가 두 배도 넘게 오른다면 실천해보아야 하지 않겠는가.

과학자 마인드셋으로 이렇게까지 성과가 바뀐 것은 실패로부터의 회복 속도가 빨라졌기 때문이다. 연구에 따르면 가설과 검증을 의식한 그룹은 제품 시연이 불발로 끝났을 때도 단순히 '새로운 데이터를 얻었다'라고만 판단하는 경향이 있었고, 그 덕분에 실패에도 낙담하지 않고 다른 그룹보다 유연하게 노선을 변경했다. 자신의 실패를 가설과 검증의 시점에서 받아들임으로써 올바른 방향으로 자연스럽게 나아갈 힘이 붙은 것이다.

이상의 데이터를 참고로, 당신이 과학자 마인드셋을 활용했을 때 실패에 직면한다면 다음과 같이 자신에게 들려주면 좋을 것이다.

> ☑ 실패는 인간 행동에서 아주 자연스러운 과정일 뿐 내 부족한 능력을 드러내는 것이 아니다.
> ☑ 실패에는 미래를 개선하는 데 도움이 되는 중요한 정보가 들어 있다.

이런 생각만으로도 당신의 회복력은 확실히 높아지고 실패를 성공의 밑거름으로 쓸 수 있게 된다. 회복력 훈련으로서 가장 단순하면서도 효과가 높은 기술이라고 할 수 있다.

과학자 마인드셋을 의식할 수 있게 되었다면 실패에 대한 가설과 검증을 반복해야 한다.

이어질 작업은 98~99쪽에서 다룬 질문 매트릭스를 활용하자.

달리기 습관을 들이고자 했는데 작심삼일로 끝났다면 자신을 책망하기 전에 일단 과학자 마인드셋을 가동하고 '질문 매트릭스를 이용해 질문을 만들 수 있을까?'라고 생각해보자. 구체적으로는 다음과 같은 질문 방식을 참고한다.

☑ 달리는 시간을 밤으로 바꾸면 어떨까?
☑ 이번 실패와 과거의 실패는 어떻게 닮았나?
☑ 애초에 내게 달리기가 왜 중요할까?
☑ 달리기 말고 다른 것을 단련하면 어떨까?

물론 이런 질문을 만들어서 묘안이 떠오른다고 장담할 수는 없으나, 실패했다고 좌절만 하기보다 승률은 높아질 것이다.

단, 과학자 마인드셋은 '실패를 즐기자', '마음껏 실패하자'와 같은 조언과는 다르므로 주의해야 한다. 아무리 일류 과학자라도 실패는 피하고 싶고 중요한 실험에서 안 좋은 결과가 나오면 좌절한다. 절대로 실수를 환영하는 것이 아니다. 무엇보다 중요한 것은 '이 세상은 거대한 실험실'이라는 관점을 유지하는 일이다. 새로운 도전을 수없이 이어가면서도 '나는 이 세상에 가설을 세우면서 그 확실성을 검증하는 중이다'라는 자세만 고수할 수 있다면 당신은 무한한 실패로부터 자유로울 수 있다.

인생에는 불운이 따른다는 이치를 받아들인다

만일 과학자 마인드셋을 활용해도 실패로 인한 통증이 아물지 않을 때는 '침습 수용' 단계로 넘어가길 바란다. 여기에서 말하는 침습이란 실패를 체험한 후에 당신 뇌에 자동으로 떠오르는 생각들을 말한다.

괜히 그런 말을 해서 친구가 나를 싫어하지 않을까?

이렇게까지 심각한 실수를 저질렀으니 동료가 무시할 거야.

나는 늘 바보 같은 짓만 해.

이처럼 부정적인 생각들이 끝도 없이 제멋대로 떠오르는 상태가 침습이다. 실패를 반성하는 것은 나쁘지 않지만, 너무 자신에게 엄격하게 굴면 정신력 약화로 이어진다.

사실 이전부터 침습 빈도가 많은 사람일수록 과도한 음주나 마약에 손을 대기 쉽고 저축액도 적으며 감정을 제어하지 못한다는 보고가 끊이지 않았다.[4] 과도한 반성이 자기 파괴적인 행동을 초래하므로 아무런 대책을 세우지 않는다면 게임 종료다.

침습의 특징을 파헤치기 위해 간단한 성격 진단에 참여해보자. 다음에 열거되는 10개 문장은 침습 때문에 쉽게 괴로워지는 사람에게 나타나는 특유의 사고방식을 성격심리학(Personality Psychology)의 실험 데이터에 기반해서 정리한 것이다.[5]

먼저 대략 훑은 후, 당신 성격이 각 문장에 얼마나 들어맞는지 4점 만점으로 점수를 매긴다. '동의하지 않는다'이면 1점, '거의 동의하지 않는다'이면 2점, '약간 동의한다'이면 3점, '매우 동의한다'이면 4점이다.

❶ 과거의 실수나 실패를 떠올리면 다른 일에 집중하지 못한다.

❷ 과거에 저지른 어리석은 일을 상기함으로써 분발하자는 의욕이 생긴다.

❸ 미래에 실패하지 않기 위해서는 내가 틀린 것을 계속 생각해야 한다.

❹ 과거의 실패에 미련을 두는 것은 연약한 성격을 드러내는 것이다.

❺ 과거에 어떻게 행동했어야 하는지 돌이켜 검토하는 일은 내가 결과에 집착한다는 것을 의미한다.

❻ 나에 대한 비판이 멈춘다면 나는 오히려 실망할 것 같다.

❼ 과거의 실수나 실패에 대해 생각할 시간을 충분히 갖지 않으면 나는 오만해질 것 같다.

❽ 나에 대한 비판적인 생각은 내가 연약한 인간이라는 뜻이다.

❾ '나는 충분하지 않다'라는 생각에서 벗어나기 어렵다.

❿ 내 가치에 관한 생각을 사실처럼 다루는 경향이 있다.

채점을 마치면 다음 요령으로 점수를 합산한다.

☑ 자기비판의 침습

질문 1, 4, 6, 8, 9, 10의 점수를 합산한다. 이 점수가 높은 사람은 과거의 실수에 대해 생각하는 빈도가 높고, 그래서 실패에 약하다. 대부분은 합계가 14점 전후에 머물기 쉬운데 그 이상 점수가 나오면 주의해야 한다.

☑ 자기기만의 침습

질문 2, 3, 5, 7의 점수를 합산한다. 이 점수가 높으면 사실 자기비판을 싫어하면서도 '비판은 좋은 거야'라고 믿고 싶고, 결과적으로 늘 침습에서 벗어나지 못하는 타입이다. 대부분은 합계가 8점 전후이기 쉬우나 더욱 높은 점수가 나오면 주의하자.

이 테스트로부터 알 수 있듯, 침습 영향을 많이 받는 사람은 실패에 대한 집착이 강하고 성장하기 위해서는 자기비판이 필요하다고 생각한다. 그 때문에 틈만 나면 자기 과실에 대해 생각하는 바람에 좌절을 딛고 일어설 의지를 상실한다. 정말 어려운 문제이지만 이 어려움을 극복하기 위해 많은 연구자가 추천하는 훈련이 '침습 허용'이다.

수용은 영어로 'acceptance'라 하는데, 쉽게 말하면 '인생에는 실패가 따른다'는 사실, 그리고 '나는 실수를 저지르는 인간이다'라는 사실을 인정하고 침습을 개선하고자 하는 훈련이다.

자기비판을 수용하는 자세는 효력이 있다. 노스웨스턴대학교의 조사 결과, 침습을 받아들이는 훈련을 받은 참가자는 모두 실패를 긍정적으로 이해하고, 상황을 개선하기 위한 동기부여가 개선되었으며, 스트레스로 인한 충동구매나 과식하는 횟수도 줄었다. 최근에는 약물중독이나 알코올 중독 치료에 수용이 적용되는 사례도 많은데, 모두 큰 성과를 올렸다.[6]

물론 과거 실수를 인정하는 것은 쉽지 않지만, 다행히도 효과가 높은 훈련법이 몇 가지 존재한다.

대표적인 트레이닝법 3가지를 살펴보자.

침습 대책 트레이닝 1. 명언 워크아웃

'명언 워크아웃'은 침습 대책 중에서 가장 손쉬운 훈련법이다. 실천 방법은 매우 단순한데, 위대한 사람이 남긴 명언 중에서 수용의 중요성을 강조한 명언을 찾아 읽으면 된다.

이렇게 쉬워도 되는가 싶겠지만 명언의 효과는 얕잡아볼 만한 게 아니다. 앞에서 소개한 노스웨스턴대학교 실험에 따르면, 수용에 관한 명언을 읽은 참가자는 대부분 실패를 인정하는 마음이 함양되었고, 조금씩 스트레스 내성도 높아졌다고 한다. 위대한 사람의 명언 관련 도서가 널리 읽히는 데는 역시 마땅한 이유가 있을 것이다.

수용 정신을 나타낸 구체적인 명언을 몇 가지 소개하겠다.

"최악의 외로움은 자기 자신이 불편하게 느껴지는 것이다."

마크 트웨인 Mark Twain: 미국 문학의 아버지로 통하는 미국의 소설가. 대표 저서 《**톰 소여의 모험**》

"인간은 자신이 무엇인지를 거부하는 유일한 생물이다."

알베르 카뮈 Abert Camus: 프랑스의 철학자이자 작가. 대표 저서《이방인》

"아무리 자기를 개선해도 자기수용의 구멍은 메우지 못한다."

로버트 홀든 Robert Holden: 영국의 심리학자로, 행복 프로젝트와 성공지능프로그램 전문가. 대표 저서《하루 한 장 마음 챙김》

"자기 자신을 이해하고 수용하려는 노력은 가장 용감한 행위다."

브레네 브라운 Brene Brown: 미국 심리학자이자 교수. 대표 저서《마음 가면》

"정말로 어렵고 놀라운 것은 완벽하기를 포기하는 일이다."

애너 퀸들런 Anna Quindlen: 미국의 작가이자 칼럼니스트. 칼럼 '공적인 것과 사적인 것(Public&Private)'으로 퓰리처상을 받았다. 대표 저서《단 하나의 진실》

"자신을 믿으면 남을 설득할 필요가 없고, 자신에게 만족한다면 다른 사람의 인정을 받을 필요가 없으며, 자신을 받아들이면 온 세상이 받아들일 것이다."

노자老子: 춘추시대 사상가로 도가의 창시자로 불린다. 대표 저서 《도덕경》

"자기수용은 자신과 나쁜 관계성을 거부하는 일이다."

너새니얼 브랜든 Nathaniel Branden: 심리학자이자 컨설턴트, 작가. 대표 저서 《자존감이 바닥일 때 보는 책》

"아무도 나를 믿지 않아도 성공할 수는 있으나, 스스로 믿지 못하면 성공은 불가능하다."

윌리엄 보엣커 William John Henry Boetcker: 미국의 종교 지도자이자 대중 연설가.

"받아들이지 않으면 아무것도 바꿀 수 없다. 비난은 자유를 주는 게 아니라 억압하는 것이다."

카를 구스타프 융 Carl Gustav Jung: 스위스의 정신과 의사. 분석심리학 기초를 세우고 인간 유형을 내향형과 외향형으로 나누었다. 대표 저서 《심리 유형》

"자기 자신과 우정을 지키는 것은 굉장히 소중하다. 스스로와 친구가 되지 못하면 세상 그 누구와도 친구가 될 수 없다."

엘리너 루스벨트 Eleanor Roosevelt: 미국의 정치인이자 사회운동가. 미국의 32대 대통령인 프랭클린 루스벨트의 부인이다.

"자신을 실수하기 쉬운 인간이라고 인정하면 누군가에게 미움받을지도 모를 상황에서도 불안해지지 않을 것이다."

윈디 드라이덴 Windy Dryden: 심리학자이자 정신분석학자, 심리치료사. 영국에서 최초로 인지행동 치료(CBT) 교육을 받았으며 이 분야의 세계적 권위자다.

유명한 명언들 예시는 이쯤으로 하지만, 수용의 중요성을 나타낸 표현은 이 외에도 수없이 많다. 한국과 일본의 고전이나 현대소설, 만화, 노랫말 등 일상에서 비슷한 문구를 발견하는 일도 많을 것이다. 앞으로 수용과 관련된 명언을 발견한다면 메모장에 적어두자. 그런 다음 자기 나름의 명언을 만들어가는 것도 좋은 훈련이 된다.

침습 대책 트레이닝 2. 증거법

증거법 또한 간단한 침습 대책인데, 머릿속에 떠오른 비판적인 사고에 대해 구체적인 증거를 찾아보는 훈련이다. 어려운 내용은 아니므로 침습이 엄습한다면 다음 두 가지 질문을 스스로 던져보자.

❶ 이 나쁜 상황(뼈아픈 실패, 타인의 비판, 부정적 감정 등)은 나의 좋은 점을 완전히 덮어버릴까?

❷ 이 나쁜 상황은 자기비판 내용을 증명하는 근거나 배경으로 쓸 수 있을까?

예를 들면, 당신이 일하는 도중 중요한 데이터를 손실해서 고객을 화나게 한 뒤 '나는 늘 같은 실수만 하네'라고 생각했다고 하자. 이 대목에서 증거법을 사용하면 다음과 같다.

고객으로부터의 비판은 당연하지만, 이것으로 나의 좋은 부분이 소용없게 된 것은 아니다. 솔직히, 과거에는 같은 고객에게 수완이 좋다고 칭찬받은 적도 있다.

게다가 이번 실패는 내가 늘 같은 실수를 하는 증거라고 할 수는 없을 것이다. 지금까지 데이터 다루는 법이 완벽했다고 할 수는 없으나, 데이터를 몇 번이나 분실한 사실은 없다.

보편적으로 생각하면 단 한 번의 실패로 자기 능력을 평가할 수는 없다. 설령 연속해서 같은 실수를 저질렀다고 해도 그것으로 당신의 장점이나 과거의 업적까지 소멸하는 일도 없다. 대체로 자기비판은 특정 문제를 과장되게 확대했을 뿐이며 현실적으로는 정당한 근거를 놓친 경우가 대부분이다.

증거법의 질문에는 그런 사실을 일깨우는 작용이 있다. 이 트레이닝법을 몇 번 이어가다 보면 당신 뇌는 점점 침습의 내용을 의심하기 시작하고 이윽고 자기비판 올가미에서 빠져나올 수 있을 것이다.

침습 대책 트레이닝 3. 플러스 마이너스법

세 번째 훈련인 '플러스 마이너스법'도 간단한 순서를 따라 하면 침습의 근거 없음을 파헤칠 수 있다.

❶ 학교 또는 직장에서 잘한 일을 3가지 적는다.(예: 며칠 전 기획서 칭찬을 받았다)

❷ 학교 또는 직장에서 잘못한 일을 3가지 적는다(예: 프레젠테이션에서 말문이 막혔다)

❸ 사생활에서 잘한 일을 3가지 적는다.(예: 운동하는 습관이 들었다)

❹ 사생활에서 잘하지 못한 일을 3가지 적는다.(예: 친구와의 약속을 어겼다)

살면서 잘한 일과 잘못한 일을 각각 경험한 적이 있을 것이다. 그런데도 침습의 함정에 빠진 사람은 자기 삶이 오로지 실패만 거듭한 삶이라고 착각한다. 뇌가 늘 부정적인 사고로 가득 차 있으면 그런 착각도 무리는 아니다.

그런 점에서 플러스 마이너스법은 '인생에는 즐거움이 있으면 괴로움도 있다'는 단순한 진리를 일깨우는 것이 가장 큰 핵심이다. 이 훈련법 역시 단순하기는 하나, 침습의 함정에 빠져 시야가 막힌 사람이 실천하면 갑자기 안개 걷히듯 개운해하는 경우가 흔하다. 침습의 문제로 괴롭다면 시도할 가치가 있을 것이다.

주의할 점은, 침습에 관한 한 어떤 훈련법을 적용하건 수용을 '내 모든 것을 좋아하자', '있는 그대로의 나로 살자', '나에게 너그러워지자'와 같은 맥락이라고 이해하면 안 된다는 것이다. 수용의 목적은 자기 자신과 '최고의 친구'가 되는 기술을 익히는 일이다.

자신에게 엄격한 사람이라 해도 친한 친구의 실패를 비판하는 사람은 적을 것이다. 친구가 풀이 죽어 있으면 그렇게 가라앉을 필요 없다고 친절하게 말을 걸거나 다음에 수정하면 된다고 구체적인 조언을 하고, 운동 부족은 몸에 나쁘다는 식으로 가볍게 충고하는 방법을 택할지언정 상대를 무턱대고 몰아세우지는 않을 것이다.

이렇듯 자신의 실패에도 친구에게 대하듯 하는 게 무엇보다 중요하다. 무의미하게 자신을 채찍질하지 말되 무조건 받아주지도 말며 친한 친구 같은 거리감으로 자신을 대하도록 의식하길 바란다.

실패 후 빠른 회복을 위한 36개 질문

회복력을 기르는 마지막 훈련은 '자아개념(Self Concept) 질문'이다.[7]

3가지 방법 중에서 가장 공을 들여야 하지만 그만큼 효과도 압도적이다. 과학자 마인드셋이나 침습 허용으로도 실패의 상처가 아물지 않을 때 이 방법을 쓰면 좋을 것이다.

자아개념 질문은 미국 얼시너스전문대학 연구원 등이 제창한 기법으로, 36가지 질문에 답하면서 다음 효과를 기대하도록 설계되었다.

❶ 자신의 강점을 재확인한다.
❷ 의식을 미래로 돌린다.

첫 번째 효과는 질문의 답을 생각하면서 자기 강점을 깨닫는 것이다. 착하다, 시간을 잘 지킨다, 과거에 기획력을 인정받았다 등 본래 지닌 좋은 성격이나 기술, 과거에 달성한 일 등을 재차 확인하고 장점이 떠오르도록 한다.

이 효과가 회복력에 도움이 되는 이유는 앞에서 살펴본 침습 대책에 도움이 되기 때문이다. 2장에서도 설명했듯, 우리 뇌는 부정성 효과의 작용으로 인해 어떠한 경위로든 좌절한 후에는 '나는 늘 운이 없다'고 생각하며 인생의 싫은 면에 시선이 쏠리기 쉬운 특징을 갖는다.

이 상태를 방치하면 하염없이 나쁜 생각만 물고 늘어져서 아무리 시간이 흘러도 실패를 딛고 일어서지 못한다. 이 문제를 해결하려면 우선 당신이 가진 강점을 재확인할 필요가 있는 것이다.

자아개념 질문으로 얻을 수 있는 두 번째 효과는 의식을 미래로 돌려준다는 점이다.

통상적으로 좌절을 경험한 사람의 뇌는 그 직후부터 의식이 과거로 달린다. 어째서 그런 짓을 했을까, 전에도 똑같은 실패를 했어 등 과거에 일어난 안 좋은 사건의 기억이 줄줄이 떠오르기 때문에 시선을 다른 곳으로 돌리기 쉽지 않다. 뇌는 이 상태에 진입하자마자 '내 인생이 위협에 노출되어 있다'라고 판단하고 과거의 부정적인 기억을 토대로 해결책을 찾으려 한다. 말하자면 일종의 방어기제인데, 이 기능이 너무 활성화되면 머릿속은 늘 과거의 싫은 기억에 발목 잡혀 미래를 향한 도전정신을 조금씩 잃는다.

그 점에서 자아개념 질문은 질문의 답을 생각하는 과정에 의식이 미래로 향하도록 유도한다. 36가지 질문을 모두 완수하기는 힘들겠지만, 포기하지 않는다면 뇌는 과거에의 집착에서 해방되어 실패로부터 회복하는 속도도 급격하게 빨라질 것이다.

자아개념 질문을 실천해보자

자아개념 질문은 6개의 섹션으로 분류된 질문표에 각 섹션마다 질문이 6개씩이다. 모든 질문을 자유자재로 활용할 수 있으려면 한 문제당 2~3분씩, 한 섹션에 15~20분을 소요해야 한다. 즉 문제 풀이를 모두 마치려면 짧아도 한 시간 반이 필요한데, 그러면 시간적 부담이 크므로 하루 만에 완결하기를 권하지 않는다. 하루에 한 섹션씩 실천하면서 모두 6일을 소요한다는 마음으로 시작해보자.

섹션 1. 인식을 파고드는 질문

이 섹션에서는 자신을 스스로 어떻게 생각하는지 확인한다. 당신의 근본적인 능력이나 특징에 대해 깊이 생각한 후 '나는 나를 어떤 인간이라고 인식하고 있을까?'를 깊이 파헤쳐보자.

★ ❶ 당신을 표현하는 형용사나 특징 5가지는?

착하다, 키가 크다 등

❷ 당신이 완수해야 한다고 생각하는 역할 5가지는 무엇인가?

부모, 지식을 넓힌다 등

❸ 자신이 가진 기술이나 능력을 5가지 든다면?

통계를 잘한다, 영어를 잘한다 등

❹ 당신의 소유물 중 자신을 잘 설명하는 것을 5개 든다면 무엇이 있는가?

인형, 운동복 등

★ ❺ 본인이 어떤 사람인지 알게 된 인생 경험 5가지는 무엇인가?

대학입시 실패를 아직도 마음에 두고 있다. 큰 프레젠테이션을 성공시켰다 등

❻ 가족이나 친한 친구가 당신을 표현하는 데 도움이 될 것 같은 특성 5가지를 든다면?

낯을 가림, 시작한 일은 끝까지 함 등

섹션 2. 진정성을 파고드는 질문

이어지는 섹션에서는 당신의 성격이나 가치관을 파헤쳐 '이것이 나의 본모습이다', '편안하다'라고 느낄 수 있는 상태를 찾는다. 이런 감각을 심리학에서는 진정성(Authenticity)이라고 하며, 이 지점이 곧 당신다움을 추구하는 섹션이라 할 수 있다.

★ ❶ '나는 어떤 사람일까?'라는 질문을 스스로 던졌을 때 성격 중에서 어떤 면이 가장 뚜렷하게 부각되는가?

밝다, 성실하다 등

★ ❷ 당신이 세상에 드러내는 모습은 '이것이 진짜 나에 가깝다'라고 느끼는 당신과 어떤 점이 일치하는가?

주위로부터 성실하다고 인정받는다. 친구에게 우울해 보인다는 말을 듣는다 등

❸ 사회나 동료로부터의 압박에도 굴하지 않고 자기다움에 충실했던 예를 3가지 생각해보자. 어떻게 하면 그때처럼 나다움을 유지할 수 있을까?

20대에 부모에게 결혼을 강요받았지만 일을 먼저 생각했다. 그때처럼 넉살 좋게 넘기면 된다 등

❹ 당신의 중요한 가치관 3가지를 든다면? 미래를 더 나은 방향으로 이끌기 위해 그 가치관을 제대로 쓸 방법은 있는가?

나는 성장을 중요시하므로 일에서 대화 기술을 키울 기회를 늘린다 등

❺ 당신의 인격 중에서 절대로 바뀌지 않는 포인트는 무엇인가?

너무 깊은 관계에는 기가 빨린다 등

❻ 섹션 1의 여섯 질문 중 당신이 적은 답변 리스트를 다시 보기 바란다. 이 리스트 중에서 당신의 본모습과 상반되는 내용이 있는가? 있다면 어떻게 해야 더욱 일관성을 유지할 수 있을까?

친구는 낯을 가린다고 생각하지만, 딱히 사람을 싫어하는 것도 아니다.

사람이 많으면 불편하므로 적은 인원의 모임에만 참여하면 일관성을 유

지할 수 있을 것이다 등

섹션 3. 당신의 장점을 파고드는 질문

이번 섹션에서는 당신의 뛰어난 점이나 자부심에 대해 고찰한다. 자신의 장점으로 의식을 다시 돌려 부정성 효과의 함정을 극복하는 중요한 단계다.

❶ 당신의 최고 자질은 무엇이라고 생각하는가?

체력이 있다, 계산능력이 있다 등

❷ 타인과 비교했을 때 특히 뛰어난 점은 무엇이라고 생각하는가?

만화에 관한 지식, 한 가지 일에 깊이 몰두한다 등

★ ❸ 당신의 인생은 지인이나 친구의 인생과 비교했을 때 어떤 점에서

뛰어난 것 같은가?

시간에 여유가 있다, 내면의 삶이 풍요롭다 등

★ ❹ 자신에 대해 뿌듯한 점을 3가지 들면 어떻게 되나?

자식을 다 키웠다, 혹독한 과거를 견뎠다 등

❺ 인생에서 달성한 최대 성과를 3가지 들면 어떤가?

연구회 자료로 표창을 받았다, 동아리 활동에서 정예 멤버 자격을 쟁취

했다 등

❻ 현재 고민은 무엇인가? 이 고뇌를 공유할 만한 사람은 있는가?

자격시험 공부에 진전이 없는데, 이 고민은 동료와 공유할 수 있을 것

같다 등

섹션 4. 당신의 과거를 파고드는 질문

이제부터는 과거의 자신에 대해 생각하고 당신이 인생에서 외
면해온 일들을 파헤친다. 일단 과거로 돌아감으로써 미래를 향
한 새로운 가능성을 찾기 위한 섹션이다.

★ ❶ 당신이 진심으로 즐길 수 있는데도 불구하고 타이밍이 맞지 않아

제대로 실행하지 못하는 활동을 3가지 들어보자. 그 활동들을 더

욱 자주 하기 위해서 무엇을 할 수 있는가?

독서를 좋아하지만, 시간이 없으니 외근하는 틈새 시간을 활용한다. 야

외활동을 즐기고 싶은데 유급휴가를 계획적으로 쓰면 어떻게든 될 것

같다 등

★ ❷ 당신이 바라던 삶의 여정에서 벗어난 부분은 있는가? 만일 있다면

그것을 원하던 방향으로 복귀시키기 위해 무엇을 할 수 있는가?

일하면서 여유를 갖고 취미를 즐기는 삶을 원했으나, 지금은 일만 한다.

일이 줄어드는 것에 대한 공포가 크므로 대신 여유를 늘리자 등

❸ 자신보다 남을 우선한 적이 있는가? 있다면 어떻게 해야 둘 사이

의 요구에 균형을 되찾고 당신 요구에 더욱 집중할 수 있을까?

상사가 조금이라도 바쁘면 결재받기를 망설인다. 업무 내용에 대해 정

기적으로 상담하는 시간을 만들어주면 좋을 것 같다 등

❹ 최근 별로 시간을 할애하지 못한 취미가 있는가? 그렇다면 그 취

미를 위해 어떻게 시간을 늘릴 수 있는가?

영화를 거의 보지 못했으니 매달 초에 계획을 짜놓자 등

❺ 고등학교를 졸업할 때 어떤 사람이 되고 싶었는지 기억을 더듬어

보자. 당시의 당신에게 있던 특성 중에서 지금은 없는 긍정적인

요소는 무엇일까? 어떻게 하면 그 긍정적인 요소를 재발견할 수

있을까?

고등학교 때는 남을 돕는 인간이 되고 싶었고 실제로 친구를 도와주는

게 좋았다. 지금은 일상에 쫓겨서 그 마음이 희석되었으므로 우선 동료

에게 무엇이 필요할지 상상해봐야겠다 등

❻ 수십 분 동안 과거 사진을 보거나 오래된 일기를 읽어보자. 과거

의 자신을 재확인한 후 어떤 점이 좋았는지 생각해보자.

과거의 나는 정보를 취합하는 기술이 미숙했음을 알았고, 이만큼 성장
했음을 실감할 수 있었다 등

섹션 5. 당신의 일을 파고드는 질문

이 섹션에서는 당신의 일로 다시 눈을 돌려 자신을 성장시키
는 계기로 활용할 수 있을지 생각한다. 실패에 좌절한 후에도 자
신이 가진 장점을 알아차리기 위해서는 빼놓을 수 없는 단계다.

★ ❶ 당신 일은 어떤 점에서 인간적인 성장에 도움이 되는가? 어떻게
하면 이 상태를 앞으로도 유지할 수 있을까?

어려운 고객은 많지만, 덕분에 교섭 기술이 몸에 배었다. 다른 프로젝트
에도 도전하면 더욱 능력을 키울 수 있을 것 같다 등

★ ❷ 일하면서 배울 만한 새롭거나 흥미 있는 일은 어떤 것인가? 그 경
험들은 당신에게 어떤 이익을 주는가?

지금 하는 일로 통계를 배울 수 있다. 그래서 세상일을 확률적으로 볼
수 있게 되었다 등

❸ 업무상 감당해야 할 책임 중에서 즐거운 것은 무엇인가? 그것으로
당신은 일을 더욱 잘할 수 있게 되었는가?

정기적으로 업계 현황을 정리하는 게 재미있다. 덕분에 늘 최신 정보를

따라갈 수 있다 등

❹ 평범하고 지루한 일을 더욱 재미있게 하려면 어떻게 하면 좋을까?

동료에게 말을 걸어 작업을 게임처럼 해본다 등

❺ 과거 5년 동안 당신은 일에서 어떤 새로운 기술을 습득했는가? 그

기술은 현재 당신에게 어떤 이점을 안겨주었는가?

영어 회화 능력이 향상되어 여행지에서 곤란하지 않았다 등

❻ 향후 5년 동안 어떤 전문성을 더욱 익힐 수 있겠는가?

통계 지식을 쌓아서 자격시험 1급을 딴다 등

섹션 6. 당신 미래를 파고드는 질문

마지막 섹션에서는 당신의 미래를 파헤치는 작업을 진행한다.
실패 후 과거에만 매여 있는 뇌를 긍정적인 미래로 환기하기 위
한 단계다. 동시에 이 섹션을 통해 당신은 앞으로 실천해야 할 구
체적인 활동도 생각해야 한다. 이 과정에 생각해낸 활동은 반드
시 지키길 바란다.

❶ 앞으로 도전할 만한 새롭고 재미난 활동을 3가지 들어보자. 다음

주부터 시작할 수 있는 것은 어느 것인가?

취미와 관련된 행사에 참여한다. 달리기를 시작한다 등

❷ 앞으로 배우고 싶은 주제를 3가지 들어보자. 그중에서 고른 주제 하나에 대해 깊이 이해하기 위해서는 계획을 어떻게 세워야 할까?

영어회화를 잘하는 동료에게 물어본다. 서점까지 교재를 찾으러 간다 등

❸ 이달 안에 가능한 자기 성장에 도움이 되는 활동을 3가지 생각해보 자. 각 활동을 달성하기 위해 당신은 어떤 단계를 밟을 수 있는가?

온라인 영어회화 강의를 신청한다. 관련 업계 행사 참여를 신청한다 등

❹ 가보고 싶은 장소를 3군데 들어보자. 그곳에 방문한다면 무엇을 배울 수 있는가?

겨울 오토캠핑장에 가면 고독의 장점을 배울 수 있다. 도심의 고급 레스 토랑에서 고급스러운 음식점이 제값을 하는지 판단할 수 있다 등

★ ❺ 과거 5년 동안 당신은 어떤 점에서 인간적으로 성장했는가? 그것 이 현재 당신에게 어떻게 영향을 미치는가?

책임이나 인간관계의 어려움을 배운 것 같고 그 덕분에 타인에게 친절 한 태도로 대할 수 있게 되었다 등

★ ❻ 앞으로 5년 동안 당신이 인간으로서 성장할 방법을 생각해보자. 그것을 실현하려면 어떤 행동을 계획하면 되는가?

지금보다 다양한 업계 사람으로부터 이야기를 듣고 생각의 폭을 넓힌

다. 그러기 위해 한동안 연락을 끊었던 친구에게 메시지를 보내본다 등

자아개념을 높이는 36가지 질문은 이상이다.

실제로 도전해보면 알겠지만, 모든 질문에 답을 적은 후 마음에 여유가 생기고 생각하는 방식이 더욱 미래지향적으로 바뀌었음을 깨달을 것이다. 이것으로 실패를 완벽히 극복한다고 장담할 수는 없지만, 좌절의 아픔으로부터 회복하는 속도는 현저하게 빨라질 것이다.

만일 모든 질문을 수행하기가 어렵다면 우선 각 섹션의 ★표시가 붙은 12문제의 답만 생각해도 상관없다. ★표시 질문은 특히 중요도가 높은 내용을 엄선한 것이므로, 이 질문들에 관해 생각하는 것만으로도 어느 정도 효과를 기대할 수 있다. 12문제를 풀었는데 개운하지 않다면 모든 질문에 도전해보면 될 것이다.

몇 번이나 보아왔지만, 우리 뇌는 가슴 아픈 실패를 경험했을 때일수록 자기 장점을 잊어버리고 과거에 집착하도록 설계되었다. 이 덫에서 헤어나기 위한 최선은 의식적으로 자아개념을 파헤치는 것이다. 자아개념 질문을 반복할 때마다 회복력이 쌓이므로 한 번 시도해서 끝이라는 생각을 버리고 규칙적으로 실천해보길 바란다.

"나는 그린다. 울지 않기 위해"

1935년, 스위스의 추상화가 파울 클레(Paul Klee)는 55세 때 자가면역 질환으로 피부가 굳는 피부경화증이 발병해 두 손을 자유자재로 움직이지 못하게 되었다.

언제 그림을 포기해도 이상하지 않을 큰 시련이었으나, 클레는 창작을 포기하지 않았고 2년 후에 핫 스트릭에 돌입했다. 제대로 움직이지 않는 손으로 그린 그림에 오히려 전례 없는 독창성이 생겼고, 1939년에는 단 1년 만에 1,253점의 작품을 세상에 선보였다니 놀라울 따름이다.

병이 생긴 후에 창의성이 폭발한 이유에 대해 클레는 "나는 그린다. 울지 않기 위해"라는 말을 남겼다. 누구나 좌절할 만한 고통을 앞에 두었으면서도 자기 몸의 불운을 오히려 미래로 나아가기 위한 발판으로 삼은 것이다.

클레처럼 위업을 달성하기는 어렵겠지만, 같은 경지를 추구하는 일은 누구나 가능할 것이다. 불운에 울지 않기 위해서도 우리는 늘 자기만의 그림을 그려야 한다.

다른 게임 시작하기

행운 = (행동 × 다양 + 인지) × 회복

이렇게 하나의 이야기는
막을 내린다

'크로노 크로스*' 중에서

* 플레이스테이션 전용 롤 플레잉 게임

한 가지 게임에만 집착하는 것은 수라의 길을 걷는 것

축하한다. 지금까지의 훈련으로 당신은 운을 붙잡는 기술을 모두 손에 넣었다.

1장에서 키운 행동력, 2장에서 습득한 인지력, 3장에서 기른 지속력, 4장에서 단련한 회복력을 모두 조합하면 당신 삶에 행운의 연쇄가 일어날 확률이 크게 높아진다.

그러나 여기서 끝이 아니다. 일단 운을 붙잡기까지는 좋았으나 그다음에 다음과 같은 함정에 빠지는 사람이 많기 때문이다.

'과거의 행운에 집착하여 헤어나지 못한다.'

이를테면, 당신이 이 책의 기술을 총동원한 덕분에 염원하던 프로젝트를 대성공으로 이끌었다고 하자. 주위에서는 공적을 칭송하고 상사의 평가도 점점 좋아진다. 의기양양해진 당신은 바로 다음 프로젝트에 돌입한다.

이 과정에서 많은 사람이 지난번 과정을 똑같이 밟으려는 오류를 범한다. 똑같은 비즈니스모델과 담당자들, 동일 주제, 유사한 정보를 그대로 사용해 앞서 붙잡은 행운을 재현하고자 한다.

물론 이 행위가 나쁜 것은 아니다. 당신이 프로젝트를 성공시킨 건 사실이므로 과거의 행동 또한 틀림없이 옳았을 것이다. 섣불리 다른 것을 시도하기보다 같은 과정을 밟는 게 실패 위험성을 줄일 수도 있다.

그렇다고 한없이 같은 행동만 고집하다가는 순식간에 하향 곡선을 탈 것이 불 보듯 뻔하다.

상황이 시시각각으로 변하는 게 세상의 이치다. 어제 통한 비즈니스모델도 내일이 되면 쓸모없어지고, 믿었던 스태프가 홀연히 떠날지도 모르며, 당신 능력을 뛰어넘는 경쟁자가 나타나거나 이전의 정보 소스가 쓰레기가 될 가능성도 부정하지 못한다.

한번 성공했다고 해서 언제까지고 같은 행동을 이어간다면 상황이 변해도 대응하지 못할 것이다.

아인슈타인이 나름대로 성공을 거둔 수학에서 일단 벗어나 상대성이론을 발안한 것처럼, 앨범 '네버 마인드(Never Mind)'를 대히트시킨 그룹 너바나의 멤버 커트 코베인이 거대한 고급 맨션을 구매한 후에도 근처 모텔에서 잠을 청한 것처럼 과거의 성취에서 자신을 떼어놓는 일의 중요성은 아무리 강조해도 부족하지 않다.

운을 붙잡기 위해서는 다양한 행동을 빼놓을 수 없음을 여러 차례 말했다. 그런데도 특정 성공 패턴에 치중해버리면 자신의 운의 공식을 버리는 일이 된다.

당연하다고 생각하는 사람도 많을지 모르겠다. 성공체험을 버리자, 늘 새로운 일을 하자는 식의 문구는 경영서적에서 전형적으로 쓰였으니 한 번쯤 접한 조언일 것이다. 누구라도 자신의 성공에 취한 경험이 있을 텐데, 일단 손에 들어온 승리 과정을 몸소 떠나보내고 싶은 이가 있을까. 힘찬 응원만으로 성공의 함정에서 빠져나올 수 있다면 괴로울 일도 없다.

1장에서 본 것처럼 인간 뇌에는 새로운 것을 싫어하는 편향이 있음을 입증한 연구도 많다. 최근에도 전원생활을 좋아하는 사람일수록 필요 이상으로 도시를 나쁘게 말하고, 스포츠팬은 자기 팀이 이긴 시합만 기억하며, 투자가는 대부분 자신이 선별한 기업을 지지하는 정보만 모으고자 한다는 결과가 보고되었다.[1]

다시 말해 우리에게는 대부분 머릿속으로는 성공에 집착하지 말아야 한다고 이해하면서도 무의식적으로는 마음에 드는 성공 패턴만 따르는 성향이 있는 것이다.

이 문제를 게임에 비유한다면 일단 게임이 종료된 후에도 주야장천 같은 타이틀의 게임에만 재도전하는 것과 같다. 그러면 분명 기술은 향상되겠지만, 시간이 흐를수록 높은 단계로의 승급이 더디어지고 결국 입문자였을 때만큼의 개선은 기대하기 어려워진다.

또 어느 세상에나 뛰는 놈 위에 나는 놈이 있으므로 한 게임에만 몰두하다가는 플레이하느라 수천 시간을 허비한 레전드끼리 격렬하게 싸우는 아수라장만 남는다. 깜짝 놀랄 만한 소질이라도 있으면 얘기는 다르겠지만, 그런 아수라장에서 아무리 버텨보았자 대개는 승산이 없을 것이다. 일정한 향상을 맛본 후에는 그 게임을 접고 다른 게임으로 갈아타는 편이 인생의 가능성을 확대하는 길이다.

정신적 일탈은 과거의 성공에 얽매이지 않게 한다

한 가지 게임에 대한 집착을 버리기 위해 이 책에서는 '정신적 일탈'이라는 가치를 채택했다.

정신적 일탈이란 눈앞의 작업과는 관계없는 무익한 사고가 머릿속에 떠오르는 상태를 말한다. 일하는 도중에 '어제 본 영화 재미있었어', '일이 끝나면 무엇을 먹을까'와 같이 독도 아니고 약도 아닌 생각이나 이미지가 머릿속에 떠올라 일은 안중에도 없어지는 경험을 해보았을 것이다. 연구에 따르면, 사람들은 대부분 하루 생각의 46.9%를 정신적 일탈에 쓴다고 한다.[2]

이런 뇌의 작용은 과거에 찾아온 적 있는 행운에 매달리고 싶은 심리를 진정시키기 위해 꼭 필요하다. 정신적 일탈을 통해 떠오른 무익한 사고가 새로운 가능성을 찾아주기 때문이다.

이 구조를 이해하기 위해 미스터리 작가인 레이먼드 챈들러(Raymond Chandler)를 예로 들어보자.

챈들러는 《빅 슬립》《기나긴 이별》 등의 유명한 걸작을 남긴 범죄소설의 대가다. 서정성 짙은 명문장가로 알려졌고, 그 후 탐정소설이나 미스터리 영화에 미친 영향력은 헤아릴 수 없이 크다.

흥미로운 점은 챈들러가 정해둔 집필할 때의 독특한 규칙이다. 그는 하루에 네 시간 동안 아무것도 하지 않기로 작정하면 그 시간에는 절대로 외출하지도 않았고 독서나 운동, 방 청소 등 모든 행위를 스스로 금했다. 유일한 예외는 아이디어가 떠오르면 기록하는 행위뿐이고 그 외에는 아무 일 없이 실내에서 머물렀다고 한다.

천재의 기행으로만 여겨지는 일화이지만 이 독자적인 집필 스타일이 챈들러에게 커다란 은혜를 베풀었다. 아무것도 하지 않고 생각만 떠돌도록 내버려두었더니 머릿속에 떠오른 이미지가 뜻밖의 형태로 이어져 새로운 표현의 힌트가 되었기 때문이다. 히치콕 영화의 한 장면, 과거에 읽은 야한 책의 한 구절, 산책 중에 우연히 들은 평범한 대화의 기억 등 모든 곳에 힌트가 숨어 있었다.

챈들러 본인도 말했듯 논리적일수록 창의성에서 멀어진다. 대신 그는 머릿속에 떠오른 무작위적 정보를 줄곧 간직했다. "이별을 말하는 것은 조금씩 죽어가는 것이다", "총을 쏴도 되는 건 맞을 각오가 된 녀석뿐이다." 등의 명대사는 정신적 일탈에서 탄생한 결과물이다. 이렇듯 정신적 일탈에서 비롯되는 높은 창의성은 좋게든 나쁘게든 우리의 운을 좌우한다.

좋은 측면은 우리 뇌에서 대량의 정보를 꺼내어 틀에 박힌 생각에서 해방시킨다는 점이다. 챈들러가 실천했듯 정신적 일탈은 당신이 과거에 흡수한 대량 기억을 의식 위에 새로 부상하게 하고 각각의 기억을 유용한 형태로 연결한다. 단편적인 기억이 이어져 생각지도 못한 발상을 만드는 것이다.

그런 이점을 증명한 데이터도 많은데, 그중에서도 캘리포니아대학교에서 진행한 연구가 유명하다. 연구팀은 학자 72명과 문필가 113명의 협력을 얻어 전원에게 2주에 걸쳐 각기 다른 타이밍에 '일의 아이디어가 떠오른 순간 무엇을 하던 중이었는가?'를 물었고, 답을 얻기 위해 좋은 발상이 탄생한 상황을 2주 동안 기록하게 했다.[3] 이 연구에서 중점을 둔 부분은 '정신적 일탈이 새로운 아이디어를 만드는가?'라는 점이었다. 챈들러가 무위의 시간에 양질의 스토리를 만든 것처럼 일반인도 관계없는 생각을 통해 낡은 사고를 극복할 수 있을까?

답은 물론 예스(YES)다. 양질의 아이디어의 약 20%는 정신적 일탈이 일어난 직후에 탄생했다. 설거지, 영수증 정리, 운전과 같은 단순 작업 도중에 쓸데없어 보이는 생각이 머리를 가득 채울수록 효과적인 발상이 떠오르기 쉬웠다. 연구로서는 아직 추가적인 시도가 필요한 단계이지만, 기존 사고방식에서 벗어나고 싶을 때는 일단 정신을 다른 곳으로 돌리는 게 좋은 것은 확실하다.

일탈이라는 단어는 부정적인 인상도 주지만, 실제로는 당신 마음에 잠든 가능성을 깨우는 작업이라 할 수 있다.

당신의 가능성을 끌어올리는 7가지 일탈 훈련

단지 정신적 일탈에는 부작용도 있다는 점이 난제다. 정신적 일탈로 창조성이 높아졌다는 데이터가 많기는 하지만, 사실 불안이나 억울함과의 관계를 밝힌 데이터도 적지 않다.

대표적인 예는 하버드대학교에서 진행한 연구인데, 남녀 2,250명에게 비정기적으로 설문지를 보내 평소에 생활하다가 머리에 떠오른 생각을 25만 건이나 기록하게 했다.[4] 그 결과를 연구팀은 이렇게 표현한다.

"정신적 일탈은 인간의 행복감 중 10.8%를 설명하며 행복도를 거의 정확하게 예측할 수 있다. 그리고 정신적 일탈은 불행의 근원이 되기 쉽다."

분석에 따르면, 하루에 이런저런 생각이 떠오르는 횟수가 많은 사람일수록 불안과 신경증, 억울 등의 증상을 보인다고 확인되었다. 정신적 일탈은 창의성을 높이기는 하지만 동시에 멘탈이 흔들리는 경우도 많은 것 같다.

정신적 일탈이 멘탈 악화로 이어지는 이유는 4장에서 살펴본 침습 발생률이 올라가기 때문이다. 마음이 떠돌기 시작하면서 일어나는 생각은 긍정적인 내용만은 아니다. 친구한테서 답이 없는데 나를 싫어해서가 아닐까, 승진 대상에서 제외된 이유가 뭘까? 같은 생각이 떠올라 부정적인 정보로 머릿속이 가득 찬 경험은 누구나 있을 것이다. 이 단계에서 일탈을 무시할 수 있다면 다행이지만, 부정적인 일탈로부터 탈출하는 데 실패하면 서서히 부정적인 사고의 발생률이 늘고 곧바로 침습이 정착한다.

요는, 우리가 정신적 일탈을 제대로 활용하려면 어두운 면을 피하면서 이점만 누려야 한다는 것이다. 아무런 전략도 없이 방황만 한다면 내부에서 불안이 커지기 시작하고 과거의 성공 패턴에 집착하려는 마음이 거대해질지도 모르기 때문이다.

꽤 어려운 문제이지만, 다행히 최근에는 정신적 일탈을 효과적으로 사용하는 방법이 밝혀지고 있다. 7가지 일탈 트레이닝법을 구체적으로 소개하겠다.

트레이닝 1. 일탈을 계획한다

일탈 훈련 중에서 가장 중요한 것이 '의도성'이 있는 생각하기다. 어려워 보이는 표현이지만 간단히 정리하면 다음과 같다.

❶ 정신을 일탈할 타이밍을 미리 정해둔다.

❷ 정해놓은 시간에만 일탈한다.

하루 중에서 정신을 딴 곳으로 돌릴 시간을 명확하게 확보하는 것이 의도성의 기본이다. '내일 15시부터 10분만 정신을 일탈하겠다', '잠자기 한 시간 전에는 아무 생각도 하지 않겠다.' 등과 같이 사전에 마음을 떠돌게 할 타이밍을 구체적으로 정해두는 것이다.

평소에 어떤 식으로 정신을 일탈하는지 조사하기 위해 노스캐롤라이나대학교에서 학생 274명을 대상으로 진행한 실험은 계획적인 일탈의 효과를 증명했다.[5] 학생들의 일탈 방식을 조사한 후 인지능력을 측정하는 테스트를 받게 한 결과는 다음과 같았다.

☑️ 사전에 일탈 시간을 계획한 사람은 인지 테스트 성적이 좋았고, 보다 새로운 발상으로 문제를 해결할 수 있었다.

☑️ 정해진 타이밍 없이 생각이 떠도는 타입의 사람일수록 인지 테스트에 집중하지 못하고 성적이 나빴다.

평소에 전략적으로 정신을 일탈하는 사람은 뇌에서 여러 정보가 무작위로 이어지기 쉽고, 그 덕분에 딱딱한 생각에서 능숙하게 벗어나는 것 같다. 계획 없는 공상은 문제의 근원이 되지만, 계획적인 정신적 일탈이라면 오히려 당신 사고를 해방하는 기폭제로 작용한다.

정신적 일탈에 소비하는 시간은 하루에 15~30분이 적당하다. 출퇴근 전철 안에서, 집중력을 쓰지 않는 사무작업 도중, 집중할 필요 없이 있을 수 있는 시간대를 찾아 일탈을 스케줄링해보자.

트레이닝 2. 일탈 유발 작업하기

정신적 일탈은 단순 작업 도중에 발생하기 쉽다. 단순 작업에는 큰 집중력이 필요하지 않기에 의식이 무작정 떠오르는 머릿속으로 향하기 때문이다. 정신적 일탈을 유발하기 쉬운 행동의 예를 살펴보자.

✍ 단순운동

걷기나 뛰기 같은 리듬 운동은 단순한 동작이 계속 반복되므로 정신이 흐트러지기 쉬운 작업의 전형이다. 또 혈류 흐름으로 기분도 좋아지므로 정신적 일탈의 부작용을 막는 효과도 기대할 수 있다. 일탈을 위한 리듬 운동을 할 때는 시속 $6 \sim 8km$ 정도로 약간 빠른 걸음을 일정 속도로 유지하길 바란다.

☑️ 가벼운 여러 잡일

집중력이 불필요한 가벼운 잡일도 정신적 일탈을 일으키기에 최적이다. 일하다 휴식 시간에 차를 우리거나 공부하는 도중에 책상을 정리하는 등 뇌에 부하가 적게 들어가는 작업을 통해 의식이 풀리면 정신적 일탈로 이어진다. 단지 가벼운 잡일로 일탈을 일으키고 싶을 때는 30분 만에 방을 청소하자, 좀 더 깨끗하게 썻어야지, 라는 식의 구체적 목표를 설정하지 말아야 한다. 특정 목표에 의식이 집중되는 순간부터 우리 뇌는 일탈을 멈추어버리기 때문이다.

☑️ 손만 움직이는 작업

손만 바쁘게 움직이는 작업도 정신적 일탈을 일으키기 쉽다. 뜨개질, 잡초 뽑기, 펜 돌리기 같은 동작이 이어지는 활동은 집중력을 적당히 풀어주고 대신 관계없는 사고를 일으키는 마중물이 되어준다. 주의점은 정해진 시간까지 작업을 마쳐야 한다는 압

박을 스스로 부과하지 않는 것이다. 그저 손만 움직여도 정신적 일탈을 일으키는 효과를 얻는다.

☑️ 의도적 낙서

수많은 일탈 유발 작업 중에서도 가장 데이터를 많이 보유한 것이 낙서다. 낙서를 통해 일탈이 일어나 굳은 뇌를 해방하는 효과는 수많은 연구에서 입증되고 있다.[6] [7] 어떤 내용이든 상관없으므로 좋아하는 캐릭터의 삽화를 그려도 좋고, 머리에 떠오른 무의미한 어구를 적어 내려가도 된다. 무엇을 끄적여야 할지 떠오르지 않을 때는 지금 당신이 안고 있는 문제에 대해 생각해보자. 가령 '이 프로젝트에 맞는 최적의 자원은?', '상사와 자연스럽게 대화하려면?' 등 의문점이 떠오르면 그대로 낙서를 시작하는 것이다. 이 방법으로 의도적인 정신적 일탈이 일어나고 참신한 해결책을 찾기 쉬워진다.

트레이닝 3. 사전에 비주얼라이즈하기

사전 비주얼라이즈란, 의도적으로 긍정적인 상상을 하면서 정신적 일탈을 일으키는 방법이다. 구체적으로 살펴보자.

❶ 아무에게도 방해받지 않는 공간을 찾아 수 분 동안 편하게 앉는다.

❷ 지금으로부터 6개월~10년 사이에서 마음에 드는 시점을 골라 모든 일이 잘 풀린 이상적인 미래를 상상해본다.

❸ 뇌가 멋대로 이미지를 그리도록 내버려두고 5~10분쯤 그 상상에 빠진다.

이상적인 미래는 당신이 즐길 수 있는 정경이면 무엇이든 괜찮다. 인간관계에서나 가족끼리 화목한 장면, 꿈에 그리던 일을 맡은 순간, 취미활동으로 큰 이익을 실현한 광경 등 어떤 미래건 무조건 이상향을 그려보자. 제대로 상이 떠오르지 않을 때는 리조트에서 뒹굴거나 귀여운 고양이와 놀이하는 등 쾌적함을 느낄 만한 이미지를 찾으면 된다.

미래에 대한 상상은 가능한 한 상세해야 한다. 이상적인 미래에 사는 나는 어떤 기분일까, 어떤 감정일까 등 그 상황에 있는 자기 모습을 선명하게 그리자.

언뜻 현실도피처럼 보이는 방법이지만 그 효과는 면밀한 연구로도 입증되었다. 대표적인 사례가 독일의 베를린자유대학교에서 진행한 메타분석으로, 연구팀이 과거에 진행한 34건의 데이터를 분석한 결과, 사전 비주얼라이즈를 실천한 참가자일수록

정신적 일탈이 긍정적으로 일어났고 낙관적인 심리 효과도 증가했다.[8]

주의해야 할 점은 프로축구선수로 세계에서 활약하는 모습, 최연소로 노벨상을 받는 모습 등 지금의 현실과 거리가 먼 이미지를 상상하면 안 된다는 것이다. 억지스러운 이미지를 떠올리면 현실과의 괴리가 두드러져 뇌가 도리어 부정적 상태로 바뀔지도 모른다. 어디까지나 현실 연장선에 있는 이상적인 미래를 상상하도록 주의하자.

트레이닝 4. 편견 활용하기

네 번째 훈련도 미지의 힘을 이용해 정신적 일탈을 일으키는 방법으로, 다음과 같이 진행한다.

❶ 지금 당신이 안고 있는 문제를 하나만 고른다.(일의 속도가 느리다, 의지가 생기지 않는다 등)

❷ 운이 좋은 사람, 문제 해결이 깔끔한 사람이라는 표현과 어울릴 듯한 사람을 한 명 고른다.

❸ 당신이 그 인물이 되어 '내가 안고 있는 문제에 어떻게 대처해야 할

까'라고 자문한 후 머릿속에 여러 생각이 떠오르도록 내버려둔다.

❷에서 선택한 인물은 주변 인물이어도 좋고 소설 속 등장인물이어도 괜찮다. 살바도르 달리, 피카소 같은 예술가를 떠올려도 좋고 직장에 있는 아이디어맨을 골라도 좋으며, 마음속으로 이 사람은 운이 좋다, 창의적이다, 라고 생각할 만한 인물을 고르면 된다.

이 훈련을 할 때는 최종적으로 답을 낼 필요가 없다. 중요한 것은 다른 캐릭터로 완벽하게 빙의해서 평소 자신과 다른 시점으로 생각하는 것이다. 심리학 분야에서는 이를 창의적 고정관념 (The Creative Stereotype)으로 다루는데, 다른 사람 입장에 서기만 해도 우리 뇌는 기존 사고에서 해방되어 과거의 성공에 집착하지 않게 된다.[9]

트레이닝 5. 옵션 제거하기

과거의 성공에 집착하는 사람은 예전에 자신이 선택한 방법만 옳다고 믿고 새로운 문제에도 옛날 방식을 고집한다. 그러면 과거의 성공 패턴에서 벗어나지 못하고 빤한 행동만 일으키게 된다. 이런 상황을 탈피하기 위해 유효한 방법이 옵션을 제거하는 트레이닝법이다. 스탠퍼드대학교의 연구팀이 고안한 방법으로, 다음과 같은 요령으로 진행한다.[10]

❶ 문제에 직면했을 때, 떠오르는 해결책을 모두 적는다.
❷ 리스트에 적힌 해결책이 모두 쓸 만한지 상상해본다.
❸ 리스트에 없는 해결책을 생각한다.

단순한 훈련법이지만, 이렇게만 해도 당신 뇌는 일탈 모드로 이행한다. 떠오르는 해결책을 일단 모두 지워버리기 때문에 옛 방식으로 도망칠 수 없고, 뇌가 자동으로 다른 후보를 찾기 시작하기 때문이다. 과거의 해결책을 돌려먹기하고 있구나, 싶다면 옵션을 지우도록 힘쓰자.

트레이닝 6. 이인자 따르기

대부분 성공을 목표로 삼을 때 가장 선두에서 달리는 사람을 참고하기 쉽다. 급작스럽게 실적을 올린 동료를 따라 하거나 업계 톱 자리를 거머쥔 기업의 전략을 조사하고, 과거에 성공을 거둔 방식을 재사용하는 등 비슷한 예는 많다. 열정적인 수완가를 모방하고 실적을 올린 과거의 전략에 다시 눈길이 가는 것은 누구나 가진 자연스러운 심리일 것이다.

그러나 이런 생각에는 위험이 따른다. 성과가 좋은 최고의 인재일수록 행운을 만난 횟수가 많았을 것이기 때문이다.

유럽경영기술대학원(ESMT, 베를린)에서는 과거 20년간의 빌보드 기록 중에서 음악가들의 데이터 8,297건을 수집한 후, 과거에 상위 20위 안에 들어간 음악가가 다음번 싱글앨범을 냈을 때 같은 성공을 거둘 확률을 분석했다.[11] 결과는 다음과 같다.

> ☑️ 최고 히트작을 낸 음악가일수록 차기작 판매율이 저조해지기 쉽고 평균 40~45위에 머물렀다.
> ☑️ 순위 매김에서 22~30위에 머문 음악가는 다음 싱글에서도 비슷한 판매율을 유지했다.

전체적으로 보면 차순위 음악가들은 최상위 음악가보다 안정적으로 성과를 내고 있었다. 여러 가지 원인이 있겠으나, 가장 영향을 미친 것은 역시 운이라고 생각할 수 있다.

큰 성공에는 행운을 빼놓을 수 없음을 도입부에서도 전했다.

큰 성공을 거머쥔 예술가의 배경에는 실력과 또 다른 요소가 작용했을 가능성이 상당히 크다. 또 갑자기 성공한 사람일수록 같은 수준의 성공을 유지하지 못할 확률도 높다. 반면에 차순위 자리에 안착한 그룹은 운이 덜 관여한 만큼 실력이 있다고 볼 수 있어, 그 후의 안정된 성과로 이어지는 것이다.

이 같은 현상은 비즈니스 업계에서도 확인되었으며, 미국의 비즈니스 잡지《포춘》에서 조사한 '100곳의 우량기업' 결과에 따르면, 성장률이 최상위인 기업(연율 환산으로 34% 이상)은 차순위 기업(연율 환산으로 32% 이상 34% 미만)에 비해 차기 성장률이 현저하게 낮았다고 한다.[12] 이 결과 역시 차순위 기업일수록 높은 성과를 유지하기 쉬움을 의미한다.

만일 최고 수완가의 뒤를 밟고 싶어지거나 과거 전략을 다시 쓰고 싶어진다면 '차순위 사람이나 아이디어에 주목할 수 있을까?' 하고 다시 생각해보길 바란다. 2인자를 따를 때 당신은 성공의 함정에서 빠져나오기 쉬워진다.

트레이닝 7. 고독 선택하기

정신적 일탈을 위한 마지막 훈련은 '고독 선택하기'다.

최근 몇 년 동안의 연구를 통해, 집단에서 빠져나와 혼자만의 환경에 머물러도 정신적 일탈이 가능하다는 사실을 알게 되었다. 뉴욕주립대학교 연구에서는 학생 참가자를 대상으로 고독과 창의성의 상관관계를 조사하는 테스트를 진행했는데, 비사교적인 학생일수록 창의성이 높았다고 보고했다.[13]

이 연구가 정의하는 비사교적인 사람이란 다음 유형이다.

☑ 타인과의 교류는 원하지 않지만, 동료의 권유를 거절하지도 않는다.

☑ 혼자 있어도 외롭지 않고 고독을 즐긴다.

비사교적인 사람은 대인 커뮤니케이션을 선호하면서도 친구에게 먼저 권하는 일이 거의 없다. 또 일반적인 고독의 이미지와 달리 혼자 있어도 부정적인 감정에 휩싸이지 않는 것도 특징이다. 요는, 고독을 즐길 수 있는 사람일수록 과거의 루틴에 얽매이지 않고 새로운 발상을 창출하는 능력이 탁월했다는 것이다.

고독을 통해 케케묵은 행동을 타파할 수 있는 이유는 두 가지다. 첫째로 타인과의 관계를 끊음으로써 심리적 일탈이 자극받는다는 점이다. 고독한 상태에서는 타인과의 소통에 머릿속 자원을 쓰지 않아도 되고 마음이 자유로이 떠돌 때까지 기다릴 수 있기 때문이다. 둘째로 혼자 있으면 주위에 화제를 맞추어야 하거나 이상한 말을 하지 말아야 한다는 심리적 부담을 덜게 된다.[14] 주위의 안색을 살필 필요가 없으므로 케케묵지 않은 발상을 가능하게 하는 것이다.

그렇다고 고독이 주는 이익을 얻고자 인적 드문 산속으로 들어갈 필요는 없다. '이날은 혼자 지내야지', '16시부터 한 시간만 고독을 선택하겠어', '한 시간 일찍 사무실에 들어가야지.' 등으로 사전에 정해두고 지키기만 해도 충분하다. 물론 그때는 스마트폰이나 컴퓨터의 전원을 끄고 외부와의 접촉을 차단할 것을 잊지 말아야 한다.

모든 행동은 경험치가 되어 쌓인다

정신적 일탈로 과거의 행운을 손에서 놓아줄 수 있게 되었다면, 다음으로 플레이할 게임을 찾아 나서자. 운의 공식 처음으로 돌아가 행동량을 늘리는 단계부터 다시 시작하자.

다시 시작한다니 버겁다는 느낌도 들겠지만, 여기까지 단련한 능력이 리셋되어 사라지는 것은 아니므로 안심해도 좋다. 세상을 탐색하는 과정에서 몸에 밴 기술은 뇌의 데이터베이스에 '경험치'로 가산되어 게임 하나를 종료했다고 해도 당신 안에 남아 있을 것이다.

또 이 책에서 보아온 4가지 능력은 모든 일이나 취미활동에 도움이 되는 기본적인 능력이며 새로운 게임을 실행할 때도 충분히 활용할 수 있는 것들이다.

바꾸어 말하면, 게임에서 좌절해도 기죽을 필요가 없다. 게임 종료를 거듭할 때마다 당신의 레벨은 높아질 것이고, 인생이라는 운 게임을 공략하기도 점점 쉬워질 것이다.

행운 게임을 이지 모드로 전환하기

승자일수록 자기 재능과 노력을 과대평가한다

'성공한 사람은 자기 힘을 과신한다.'

일본의 메이지 시대를 대표하는 소설가 고다 로한*이 남긴 말이다.

성공한 사람일수록 자신의 재능과 노력을 위대하게 여기고 그 과정에서 일어난 운의 무게는 가벼이 넘기고 만다. 많은 인생론을 남긴 고다 로한은 여러 성공자를 조사한 후 위와 같은 결론에

---

* 幸田露伴: 근대문학의 초창기인 메이지 20년대(1800년대 후반)에 활약한 작가로 제1회 일본 문화훈장을 받았다. 대표작은 《오층탑》이다.

이르렀다.

이 관찰의 정확성은 데이터로도 의심의 여지가 없다. 대학교수를 대상으로 진행한 조사에서는 조사 참가자의 94%가 '내 성과는 평균보다 위'라고 답했고, 고학력자일수록 자기 능력을 높이 평가하기 쉬운 것으로 나타났다.[1]

또 성공한 경영인 약 3,000명을 대상으로 진행한 연구에서도 81%가 비즈니스에서 70% 확률로 성공한다고 믿었으며, 3분의 1은 '실패할 리가 없다'고 대답했다.[2] 자신의 성공을 운 덕분이라고 생각하는 성공자는 역시 소수인 듯하다.

이런 성공자들의 답변이 사실을 반영하지 않은 것은 당연하다. 평균치보다 높은 능력을 지닌 교수가 그렇게 많이 존재할 리도 없고, 5년 만에 80% 이상이 폐업 위기에 몰리는 벤처기업 세계에서 성공률이 70%에 달할 리도 없다. 서장에서 몇 번이나 살펴본 대로 성공자의 대부분은 운이 좋았음이 분명하고, 성공하지 못한 자가 운이 나빴던 것도 자명하다.

그런데도 세상에 떠도는 성공과 관련된 조언은 대부분 큰 성과를 약속하는 마법의 레시피 혹은 실패를 예방하는 은밀한 규칙이 존재한다고만 알려준다. 평범을 초월한 위업의 대부분이 운 덕분이라는 사실을 지적하지 않는 이유는 원래 인간이 모든 성공에 명확한 이유를 찾고자 하는 생물이기 때문이다.

행동경제학의 권위자인 대니얼 카너먼(Daniel Kahneman)은 저서에서 다음과 같이 지적했다.[3]

"성공 이야기가 독자의 마음을 사로잡는 이유는 그 이야기가 우리 뇌가 원하는 것을 제공하기 때문이다. 승리에는 분명한 원인이 있고 운이나 통계적인 평균회귀는 무시해도 상관없다는 메시지다."

1장에서 설명한 대로 인간 뇌에는 진화 과정에서 미지의 정보를 꺼리는 시스템이 이미 마련되어 있다. 그렇기에 사람들은 대부분 어려운 문제에 직면하면 반사적으로 알기 쉬운 답을 찾으려 한다.

'저 기업이 급성장한 이유는 사장의 리더십 때문이야.'
'그 사람이 인플루언서가 된 것은 말을 잘해서야.'

사실은 더욱 복잡한 원인이 있을지도 모르는데 미지의 정보가 초래하는 불쾌감을 싫어한 나머지 뇌가 쉬운 답을 찾는 것이다.

그 과정에서 운과 같이 애매한 증거는 무시당하고 성공 요인 중 하나로 다루어지는 일도 없다.

특히 현대처럼 불확실성이 높은 시대일수록 명확한 답을 찾고자 하고 그것에 의존하고 싶어질 것이다. 이렇게 승자의 이야기로부터 운의 요소가 배제되고 성공자의 과신은 점점 깊어지는 것이다.

실패와 성공에 휘둘리지 말고 우직하게 공식 따르기

이 책 마지막에 '과신' 문제를 꺼낸 것은 이 정신작용이 운의 공식을 어지럽히기 때문이다.

당연하지만 일단 '나는 성공한 사람이야'라고 믿어버리면 행동과 사고에 의문을 품을 필요가 없어지고 더욱 새로운 지식을 배우거나 활동 범위를 넓히려는 마음을 상실할 것이다. 간단히 말하면, 과신으로 인해 호기심이 낮아지고 세상 탐구를 게을리하게 된다.

또한 과신은 인지력을 낮춘다.

일상에서 일어나는 좋은 우연을 깨닫기 위해서는 능력의 한계를 인정하고 세상 변화를 객관적으로 주시하지 않으면 안 된다. 그런데도 '나는 모두 알고 있어'라고 착각하면 그 직후부터 지적 겸손은 사라지고 주변에 일어난 행운을 알아차리지 못하게 된다.

사실, 앞쪽에서 언급한 경영인을 대상으로 한 조사에서도 과신이 강한 사람일수록 그 후 사업이 실패로 끝난 확률이 높았다고 한다. 그렇게 된 이유도 스스로 재능과 노력을 과장해서 믿어버리고 운의 힘을 가벼이 여겼기 때문이다. 오만함 속에서는 운의 핫 스트릭이 탄생하지 못한다.

성공자는 능력이나 성과에 취하면 안 된다. 그 성공 지분 대부분은 운의 산물이기 때문이다. 실패자는 자신의 패배를 한탄할 필요도 없다. 그 실패 또한 대부분 운의 산물이다.

결국 당신이 얼마나 큰 성공을 거두고 또 아무리 가슴 아픈 실패를 경험한다 해도 할 일은 바뀌지 않는다. 성공의 환희에 거만해하지 않고 실패의 아픔에 무릎을 꿇지도 않으며 이 책에서 전한 능력을 평생 단련하면서 수많은 게임에 도전하기를 멈추지 않는 것, 그뿐이다.

부디 인생의 실패와 성공에 흔들리지 말고 운의 공식을 담담하게 활용하길 바란다. 그런 도전을 거듭하는 사이에 인생이라는 '행운 게임'은 조금씩 이지 모드로 전환될 것이다.

독자 여러분의 수많은 행운을 기원한다.

스즈키 유

참고문헌

시작하며

1. Branko Milanovic; Global Inequality of Opportunity: How Much of Our Income Is Determined by Where We Live?. The Review of Economics and Statistics 2015; 97 (2): 452–460. doi: https://doi.org/10.1162/REST_a_00432

2. ダニエル・ハマーメッシュ『美貌格差―生まれつき不平等の経済学』東洋経済新報社 (2015)

3. Lubinski D, Benbow CP. Study of Mathematically Precocious Youth After 35Years: Uncovering Antecedents for the Development of Math-Science Expertise. Perspect Psychol Sci. 2006 Dec;1(4):316-45. doi: 10.1111/j.1745-6916.2006.00019.x. PMID: 26151798.

4. Qianqian Du, Huasheng Gao, Maurice D. Levi, The relative-age effect and career success: Evidence from corporate CEOs, Economics Letters, Volume 117, Issue 3,2012, Pages 660-662, ISSN 0165-1765, https://doi.org/10.1016/j.econlet.2012.08.017

5. Laham, S.M., Koval, P., & Alter, A.L. (2012). The name-pronunciation effect: Why people like Mr. Smith more than Mr. Colquhoun. Journal of Experimental Social Psychology, 48, 752-756.

서장 운의 알고리즘

1. J.D. クランボルツ『その幸運は偶然ではないんです!』ダイヤモンド社 (2005)

2. 矢野眞和『教育と労働と社会：教育効果の視点から』日本労働研究雑誌 2009年7月号 (No.588)

3. Biondo, Alessio Emanuele &Rapisarda, Andrea. (2018). Talent vs Luck: the role of randomness in success and failure. Advances in Complex Systems. 21. 10.1142/S0219525918500145.

4. ロバート H. フランク『成功する人は偶然を味方にする：運と成功の経済学』日経BPマーケティング (2017)

5. このシミュレーションは，運と能力の散らばり方に正規分布を使っておらず，上位の競争が実際より激しくなる問題がある点には注意されたい。

6. Biondo, Alessio Emanuele & Rapisarda, Andrea. (2018). Talent vs Luck: the role of randomness in success and failure. Advances in Complex Systems. 21. 10.1142/S0219525918500145.

7. https://wir2022.wid.world/

8. https://oi-files-d8-prod.s3.eu-west-2.amazonaws.com/s3fs-public/file_attachments/bp-economy-for-99-percent-160117-en.pdf

9. Janosov, Milan & Battiston, Federico & Sinatra, Roberta. (2020). Success and luck in creative careers. EPJ Data Science. 9. 10.1140/epjds/s13688-020-00227-w.

10. Güllich A, Macnamara BN, Hambrick DZ. What Makes a Champion? Early Multidisciplinary Practice, Not Early Specialization, Predicts World-Class Performance. Perspect Psychol Sci. 2022 Jan;17(1):6-29. doi: 10.1177/1745691620974772. Epub 2021 Jul 14. PMID: 34260336.

11. Clayton M. Christensen, Jeff Dyer, Hal Gregersen 『The Innovator's DNA: Mastering the Five Skills of Disruptive Innovators』 Harvard Business Review Press (2011)

12. Mitchell, K. E., Al Levin, S., & Krumboltz, J. D. (1999). Planned happenstance: Constructing unexpected career opportunities. Journal of Coun-

seling & Development, 77(2), 115-124.

1장 월드 맵 탐색하기

1. Ogurlu, Uzeyir & Özbey, Adnan. (2021). Personality differences in gifted versus non-gifted individuals: A three-level meta-analysis. High Ability Studies. 33. 1-25. 10.1080/13598139.2021.1985438.

2. Custodio, Claudia & Ferreira, Miguel & Matos, Pedro. (2013). Generalists versus specialists: Lifetime work experience and chief executive officer pay. Journal of Financial Economics. 108. 471–492. 10.1016/j.jfineco.2013.01.001.

3. Murphy, Kevin & Zabojnik, Jan. (2006). Managerial Capital and the Market for CEOs. SSRN Electronic Journal. 10.2139/ssrn.984376.

4. Hudson, N. W., Briley, D. A., Chopik, W. J., & Derringer, J. (2019). You have to follow through: Attaining behavioral change goals predicts volitional personality change. Journal of Personality and Social Psychology, 117(4), 839–857. https://doi.org/10.1037/pspp0000221

5. Mueller, Jennifer & Melwani, Shimul & Goncalo, Jack.(2011). The Bias Against Creativity: Why People Desire but Reject Creative Ideas. Psychological Science. 23. 13-7. 10.1177/0956797611421018.

6. https://implicit.harvard.edu/implicit//japan/

7. V. L. Dawson, Thomas D'Andrea, Rosalinda Affinito & Erik L. Westby (1999) Predicting Creative Behavior: A Reexamination of the Divergence Between Traditional and Teacher-Defined Concepts of Creativity, Creativity Research Journal, 12:1, 57-66, DOI: 10.1207/s15326934crj1201_7

8. Ford, C. M., & Gioia, D. A. (2000). Factors influencing creativity in the

domain of managerial decision making. Journal of Management, 26(4), 705–732. https://doi.org/10.1016/S0149-2063(00)00053-2

9. Katherine Giuffre, Sandpiles of Opportunity: Success in the Art World, Social Forces, Volume 77, Issue 3, March 1999, Pages 815–832, https://doi.org/10.1093/sf/77.3.815

10. Karla Starr 『Can You Learn to be Lucky? : Why Some People Seem to Win More Often than Others 』 Portfolio (2018)

11. Galinsky AD, Todd AR, Homan AC, Phillips KW, Apfelbaum EP, Sasaki SJ, Richeson JA, Olayon JB, Maddux WW. Maximizing the Gains and Minimizing the Pains of Diversity: A Policy Perspective. Perspect Psychol Sci. 2015 Nov;10(6):742-8. doi: 10.1177/1745691615598513. PMID:26581729.

12. Herring, C. (2009). Does diversity pay?: Race, gender, and the business case for diversity. American Sociological Review, 74(2), 208–224. https://doi.org/ 10.1177/000312240907400203

13. Mohd Salleh, Sri Sarah Maznah & Fareed, Muhammad & Yusoff, Rushami & Saad, Rohaizah. (2018). Internal and external top management team(T-mt) networking for advancing firm innovativeness. Polish Journal of Management Studies. 18. 311-325. 10.17512/pjms.2018.18.1.23.

14. ABRAHAM FLEXNER 『THE USEFULNESS OF USELESS KNOWLEDGE』 Harpers Magazine 1939 June/November, issue 179, pp.544-552.

2장 공략 힌트 알아채기

1. Hyman, I. E., Jr., Sarb, B. A., & Wise-Swanson, B. M. (2014). Failure to see money on a tree: Inattentional blindness for objects that guided behavior. Frontiers in Psychology, 5, Article 356. https://doi.org/10.3389/

fpsyg.2014.00356

2.   Strayer, David & Drews, Frank. (2007). CellPhone–Induced Driver Distraction. Current Directions in Psychological Science - 16. 128-131. 10.1111/j.1467-8721.2007.00489.x.

3.   Chen P, Powers JT, Katragadda KR, Cohen GL, Dweck CS. A strategic mindset: An orientation toward strategic behavior during goal pursuit. Proc Natl Acad Sci U S A. 2020 Jun 23;117(25):14066-14072. doi: 10.1073/pnas.2002529117. Epub 2020 Jun 10. PMID: 32522882; PMCID: PMC7322028.

4.   https://www.gong.io/blog/deal-closing-discovery-call/

5.   Kagan, S. Foreword to Wiederhold, C. 『Cooperative Learning and Critical Thinking: The Question Matrix.』 San Clemente, CA: Kagan Publishing, 1991

6.   King, A. (1992). Facilitating elaborative learning through guided student-generated questioning. Educational Psychologist, 27(1), 111–126. https://doi.org/10.1207/s15326985ep2701_8

7.   Chuck Wiederhold 『Cooperative Learning and Higher Level Thinking: The Q-Matrix Perfect』 Skylight Professional Development (1995)

8.   Chai J, Qu W, Sun X, Zhang K, Ge Y. Negativity Bias in Dangerous Drivers. PLoS One. 2016 Jan 14;11(1):e0147083. doi: 10.1371/journal.pone.0147083. PMID: 26765225; PMCID: PMC4713152.

9.   Stephens, Amanda & Trawley, Steven & Madigan, Ruth & Groeger, John. (2013). Drivers Display Anger-Congruent Attention to Potential Traffic Hazards. Applied Cognitive Psychology. 27. 178-189. 10.1002/acp.2894.

10.   Briggs, G. F., Hole, G. J., & Land, M. F. (2011). Emotionally involving tele-

phone conversations lead to driver error and visual tunnelling. Transportation Research Part F: Traffic Psychology and Behaviour, 14(4), 313-323. https://doi.org/10.1016/j.trf.2011.02.004

11. Leary MR, Diebels KJ, Davisson EK, Jongman-Sereno KP, Isherwood JC, Raimi KT, Deffler SA, Hoyle RH. Cognitive and Interpersonal Features of Intellectual Humility. Pers Soc Psychol Bull. 2017 Jun;43(6):793-813. doi: 10.1177/0146167217697695.Epub 2017 Mar 17. PMID: 28903672.

12. Mark Leary 『What Does Intellectual Humility Look Like?』 Greater Good Magazine (2021)

13. Mark Leary 『The Curse of the Self: Self-Awareness, Egotism, and the Quality of Human Life』 Oxford University Press (2004)

14. Mark Leary 『Handbook of Self and Identity』 Guilford Press (2012)

15. Deffler, Samantha & Leary, Mark & Hoyle, Rick. (2016). Knowing what you know: Intellectual humility and judgments of recognition memory. 264 Personality and Individual Differences. 96. 255-259. 10.1016/j.paid.2016.03.016.

16. Meagher, Benjamin & Leman, Joseph & Heidenga, Caitlyn & Ringquist, Michala & Rowatt, Wade. (2020). Intellectual Humility in Conversation: Distinct Behavioral Indicators of Self and Peer Ratings. The Journal of Positive Psychology. 16. 10.1080/17439760.2020.1738536.

17. Farrell, Jennifer & Hook, Joshua & Ramos, Marciana & Davis, Don & Van Tongeren, Daryl & Ruiz, John. (2015). Humility and Relationship Outcomes in Couples: The Mediating Role of Commitment.. Couple and Family Psychology: Research and Practice. 4. 10.1037/cfp0000033.

18. Rozenblit L, Keil F. The misunderstood limits of folk science: an illusion of explanatory depth. Cogn Sci. 2002 Sep 1;26(5):521-562. doi: 10.1207/

s15516709cog2605_1. PMID: 21442007; PMCID: PMC3062901.

3장 주요 미션 도전하기

1.   Liu L, Dehmamy N, Chown J, Giles CL, Wang D. Understanding the
      onset of hot streaks across artistic, cultural, and scientific careers. Nat
      Commun. 2021 Sep 13;12(1):5392. doi: 10.1038/s41467-021-25477-8. PMID:
      34518529; PMCID: PMC8438033.

2.   Yeager, David & Dweck, Carol. (2012). Mindsets That Promote Resilience:
      When Students Believe That Personal Characteristics Can Be Developed.
      Educational Psychologist. 47. 10.1080/00461520.2012.722805.

3.   Oaten M, Cheng K. Longitudinal gains in self-regulation from regu-
      lar physical exercise. Br J Health Psychol. 2006 Nov;11(Pt 4):717-33.
      doi:10.1348/135910706X96481. PMID: 17032494.

4.   Hudson, N. W., Briley, D. A., Chopik, W. J., & Derringer, J. (2019). You have
      to follow through: Attaining behavioral change goals predicts volitional
      personality change. Journal of Personality and Social Psychology, 117(4),
      839–857. https://doi.org/10.1037/pspp0000221

5.   Sheldon KM. Becoming oneself: the central role of self-concord-
      ant goal selection. Pers Soc Psychol Rev. 2014 Nov;18(4):349-65.
      doi:10.1177/1088868314538549. Epub 2014 Jun 30. PMID: 24981515.

6.   Sheldon, K. M., & Houser-Marko, L. (2001). Self-concordance, goal at-
      tainment, and the pursuit of happiness: Can there be an upward spiral?
      Journal of Personality and Social Psychology, 80(1), 152–165. https://doi.
      org/10.1037/0022-3514.80.1.152

7.   Smith A, Ntoumanis N, Duda J. Goal striving, goal attainment, and

well-being: adapting and testing the self-concordance model in sport. J Sport Exerc Psychol.2007 Dec;29(6):763-82. doi: 10.1123/jsep.29.6.763. PMID: 18089903.

8. Langer, E. J., & Rodin, J. (1976). The effects of choice and enhanced personal responsibility for the aged: A field experiment in an institutional setting. Journal of Personality and Social Psychology, 34(2), 191–198. https://doi.org/10.1037/0022-3514.34.2.191

4장 이어 하기 반복하기

1. https://www.chusho.meti.go.jp/pamflet/hakusyo/

2. Wang Y, Jones BF, Wang D. Early-career setback and future career impact. Nat Commun. 2019 Oct 1;10(1):4331. doi: 10.1038/s41467-019-12189-3. PMID: 31575871; PMCID: PMC6773762.

3. Camuffo, Arnaldo & Cordova, Alessandro & Gambardella, Alfonso & Spina, Chiara. (2019). A Scientific Approach to Entrepreneurial Decision Making: Evidence from a Randomized Control Trial. Management Science. 66. 10.1287/mnsc.2018.3249.

4. Kim, S., & Gal, D. (2014). From compensatory consumption to adaptive consumption: The role of self-acceptance in resolving self-deficits. Journal of Consumer Research, 41(2), 526–542. https://doi.org/ 10.1086/676681

5. Kolubinski, D.C., Nikčević, A.V. & Spada, M.M. The Effect of State and Trait Self-Critical Rumination on Acute Distress: An Exploratory Experimental Investigation. J Rat-Emo Cognitive-Behav Ther 39, 306–321 (2021). https://doi.org/10.1007/s10942-020-00370-3

6. Lancer, D. (2016). Substance abuse: The power of acceptance. Psych Cen-

tral Library. Retrieved from https://psychcentral.com/lib/substance-abusethe-power-of-acceptance/

7. Mattingly, Brent & Mcintyre, Kevin & Lewandowski Jr, Gary. (2020). Interpersonal Relationships and the Self-Concept. 10.1007/978-3-030-43747-3.

5장 다른 게임 시작하기

1. Dima, Waleed & Al-Abdallah, Shadi & Abualjarayesh, Nada. (2018). Behavioral Biases and Investment Performance: Does Gender Matter? Evidence from Amman Stock Exchange.

2. Killingsworth MA, Gilbert DT. A wandering mind is an unhappy mind. Science. 2010 Nov 12;330(6006):932. doi: 10.1126/science.1192439. PMID: 21071660.

3. Gable, Shelly & Hopper, Elizabeth & Schooler, Jonathan. (2019). When the Muses Strike: Creative Ideas of Physicists and Writers Routinely Occur During Mind Wandering. Psychological Science. 30. 095679761882062. 10.1177/0956797618820626.

4. Killingsworth MA, Gilbert DT. A wandering mind is an unhappy mind. Science. 2010 Nov 12;330(6006):932. doi: 10.1126/science.1192439. PMID: 21071660.

5. Kane MJ, Gross GM, Chun CA, Smeekens BA, Meier ME, Silvia PJ, Kwapil TR. For Whom the Mind Wanders, and When, Varies Across Laboratory and Daily-Life Settings. Psychol Sci. 2017 Sep;28(9):1271-1289. doi: 10.1177/0956797617706086. Epub 2017 Jul 18. PMID: 28719760; PMCID: PMC5591044.

6. Lujan HL, DiCarlo SE. First-year medical students prefer multiple

learning styles. Adv Physiol Educ. 2006 Mar;30(1):13-6. doi: 10.1152/advan.00045.2005. PMID: 16481603.

7. Andrade, J. (2010). What does doodling do? Applied Cognitive Psychology, 24(1), 100–106. https://doi.org/10.1002/acp.1561

8. Heekerens, J. B., & Eid, M. (2021). Inducing positive affect and positive future expectations using the best-possible-self intervention: A systematic review and meta-analysis. The Journal of Positive Psychology, 16(3), 322–347. https://doi.org/10.1080/17439760.2020.1716052

9. Dumas D, Dunbar KN. The Creative Stereotype Effect. PLoS One. 2016 Feb 10;11(2):e0142567. doi: 10.1371/journal.pone.0142567. PMID: 26863143; PMCID: PMC4749277.

10. Chip Heath , Dan Heath 『Decisive: How to Make Better Choices in Life and Work』 (2013) Currency

11. Denrell, Jerker & Fang, Christina & Liu, Chengwei. (2019). In Search of Behavioral Opportunities From Misattributions of Luck. Academy of Management Review. 44. 10.5465/amr.2017.0239.

12. Chengwei Liu 『Luck: A Key Idea for Business and Society (Key Ideas in Business and Management) 』 Routledge (2019)

13. Bowker, J. C., Stotsky, M. T., & Etkin, R. G. (2017). How BIS/BAS and psycho-behavioral variables distinguish between social withdrawal subtypes during emerging adulthood. Personality and Individual Differences, 119, 283–288. https://doi.org/10.1016/j.paid.2017.07.043

14. Long, Christopher & Averill, James. (2003). Solitude: An Exploration of Benefits of Being Alone. Journal for the Theory of Social Behaviour. 33.21-44. 10.1111/1468-5914.00204.

1. Dunning D, Heath C, Suls JM. Flawed Self-Assessment: Implications for Health, Education, and the Workplace. Psychol Sci Public Interest. 2004 Dec;5(3):69-106. doi: 10.1111/j.1529-1006.2004.00018.x. Epub 2004 Dec 1. PMID: 26158995.

2. Cooper, A.C., Woo, C.Y., & Dunkelberg, W.C. (1988). Entrepreneurs' perceived chances for success. Journal of Business Venturing, 3, 97-108.

3. ダニエル・カーネマン『ファスト&スロー』早川書房 (2012)

운의 방정식

초판 1쇄 발행 2024년 2월 25일

지 은 이   스즈키 유
옮 긴 이   정현옥
펴 낸 이   한승수
펴 낸 곳   문예춘추사

편   집   이상실, 구본영
디 자 인   박소윤
마 케 팅   박건원, 김홍주

등록번호   제300-1994-16
등록일자   1994년 1월 24일
주   소   서울특별시 마포구 동교로 27길 53, 309호
전   화   02 338 0084
팩   스   02 338 0087
메   일   moonchusa@naver.com

I S B N   978-89-7604-651-2 03180

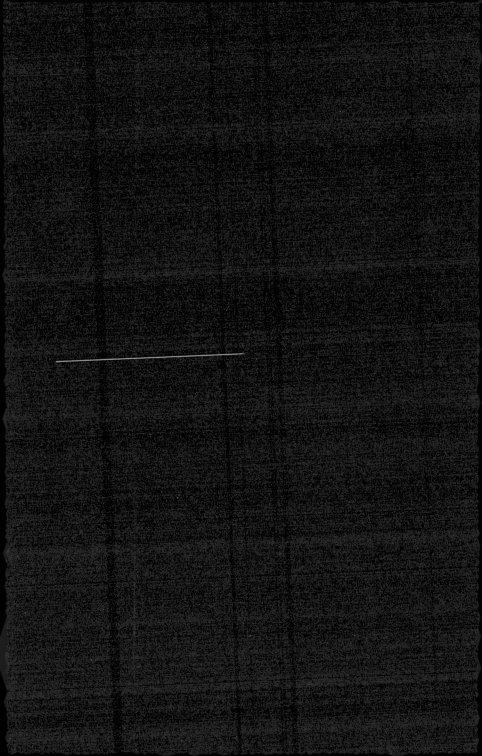